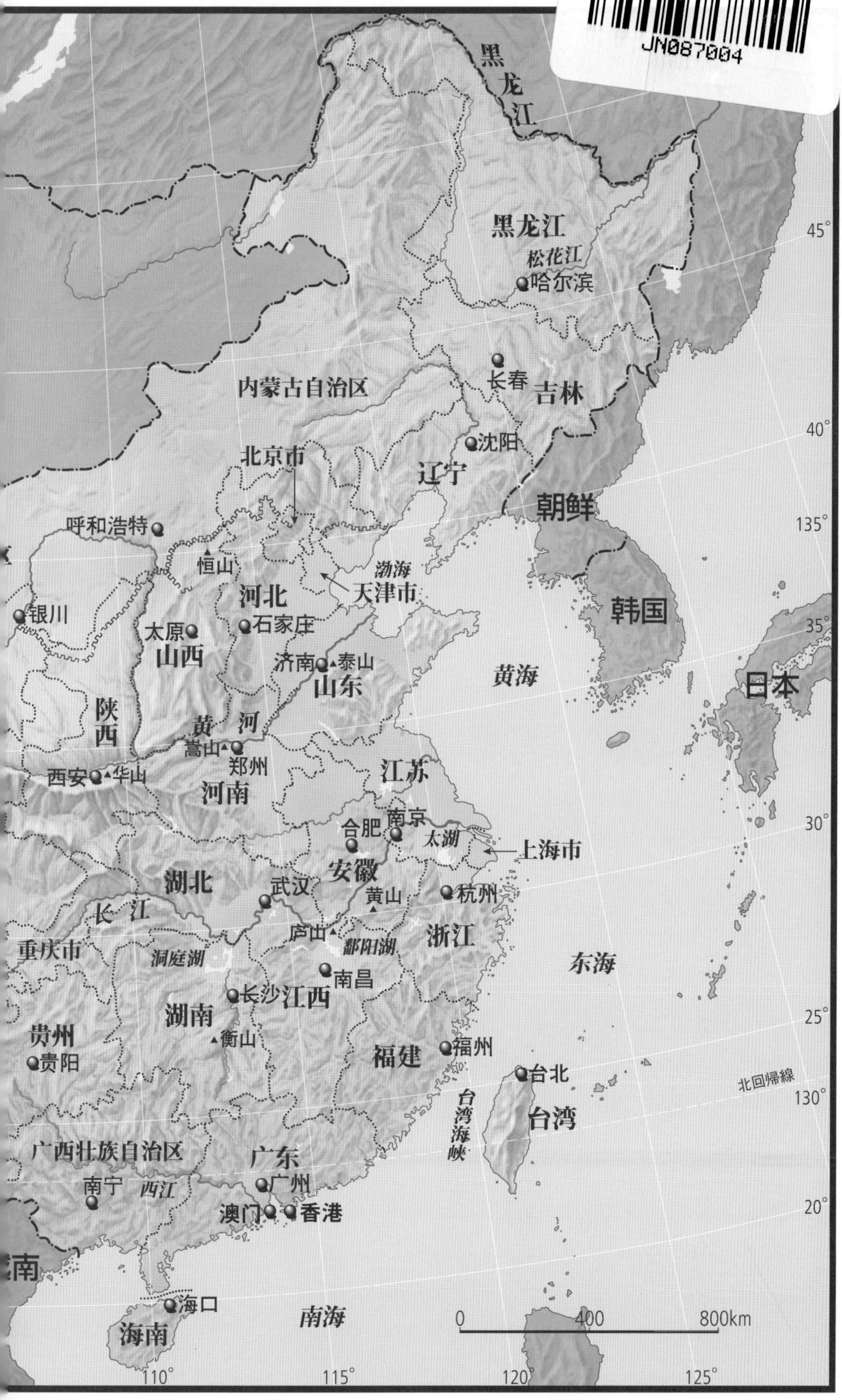
黑
龙
江
黑龙江
松花江
哈尔滨
长春
吉林
内蒙古自治区
沈阳
北京市
辽宁
朝鲜
呼和浩特
恒山
渤海
天津市
韩国
银川
河北
太原
石家庄
山西
济南
泰山
山东
黄海
日本
陕
西
黄
河
嵩山
郑州
江苏
西安
华山
河南
合肥
南京
太湖
上海市
湖北
武汉
安徽
黄山
杭州
长
江
庐山
鄱阳湖
浙江
重庆市
洞庭湖
东海
南昌
长沙
江西
湖南
贵州
衡山
福州
贵阳
福建
台北
北回帰線
台
湾
海
峡
台湾
广西壮族自治区
广东
南宁
西江
广州
澳门
香港
南
海口
南海
0
400
800km
海南
45°
40°
135°
35°
30°
25°
130°
20°
110°
115°
120°
125°

会話編 話す力・聞く力を鍛える
初級中国語

監修　楊 凱栄
著　雷 桂林・賈 黎黎

朝日出版社

音声ダウンロード

音声再生アプリ「リスニング・トレーナー」新登場(無料)

朝日出版社開発のアプリ、「リスニング・トレーナー(リストレ)」を使えば、教科書の音声をスマホ、タブレットに簡単にダウンロードできます。どうぞご活用ください。

まずは「リストレ」アプリをダウンロード

› App Store はこちら

› Google Play はこちら

アプリ【リスニング・トレーナー】の使い方

❶ アプリを開き、「**コンテンツを追加**」をタップ

❷ QRコードをカメラで読み込む

❸ QRコードが読み取れない場合は、画面上部に 45376 を入力し「Done」をタップします

QRコードは㈱デンソーウェーブの登録商標です

Webストリーミング音声

http://text.asahipress.com/free/ch/hanasukiku

はじめに

中国語初心者の方々を対象に、初級テキスト――会話編『話す力・聞く力を鍛える　初級中国語』と講読編『読む力・書く力を鍛える　初級中国語』――の2冊を企画いたしました。いずれも530語程度収録しており、学び終わった段階でHSK3級（通常600語）に近いレベルになると推定されます。

ストーリーは、三浦法子さんという日本人留学生の北京海淀大学（フィクション）に留学中の見聞となっています。会話編はダイアローグ、講読編は三浦さん視点の語りから構成されています。中秋節の月餅といった伝統文化や、「独身の日」のネットショッピングといった現代の生活スタイルが書かれています。また一時しか使わない流行語は避け、比較的長く使用できるテキストになるよう留意しています。

本書の使い方

会話編で「話す力・聞く力」、講読編で「読む力・書く力」を磨けるように心がけています。2冊とも同じ登場人物となっています。また文法ポイントはほぼ同じで、単語は6割重複しています。大学等の授業で使う方は、週2コマの場合、一方で会話編を使用し、もう一方で講読編を使用することができます。併用する場合は、発音編をリレー形式にして時間を短縮し、説明を簡単に行ったあと、文型練習を中心に基礎を固めることができるでしょう。なお、1冊を授業で使い、もう1冊を参考書やトレーニングブックとして使うこともできます。もちろん、どちらか1冊のみをお使いいただくこともできます。

1課分の内容が多少多いような印象を受けますが、14週間の授業に合わせた11課の分量で構成しています。例えば以下のような使い方を推奨します。

春学期	第1～4回	発音編
	第5～14回	第1課～第5課、総括（2回で1課分）
秋学期	第1回	第1課～第5課の復習
	第2～14回	第6課～第11課、総括（2回で1課分）

本文の内容と文法項目が同じで、単語が6割重複していることから、週2コマを2人の教授者で担当する場合、リレー形式で解説を簡単に行い、より多くの練習時間を与えることで、習熟度を向上させる効果が期待できます。

なお、編集する際、併せて以下のようなことを心がけてきました。

1．文法の段階的な習得を図りつつ、できるだけ自然な口語表現を使いました。会話編では、会話文の前に「ウォーミングアップ（丸ごと覚える表現）」のコーナーを設けました。文法構造の理解は難しいけれど、先に決まり文句として覚えるべき日常表現をピックアップしています。

丸暗記は語学の上達への近道です。講読編でも会話力を高めるべく、短文の最後に問いかけを設けました。会話文も短文も丸暗記しやすくなるように工夫しています。毎回の授業で会話文や短文の暗唱を通して、定着度の向上に繋げられればと考えています。

2．**"少讲多练"**（説明は少なく練習を多く）の原則に基づき、ポイントでは説明の文言を減らし、典型例や関連練習を多く導入しています。また、発音の基礎を固めるべく、トレーニングコーナーでは、会話編も講読編もピンインに声調記号を付ける練習問題を設けています。

3．毎課の最後に、長く中国に滞在してきた日本人教師のコラムを設けています。中国文化の現状や、日中文化の違い、中国人との付き合い方などを日本人の視点から面白く語っています。語学学習の疲れを癒し、中国文化理解への一助となれば幸いです。

本テキストの執筆や校正において、松代章先生から多大なるご協力をいただきました。林清先生、姚偉嘉先生、陳静先生から貴重なコメントを寄せていただきました。出版において、朝日出版社の新美朱理さんにひとかたならぬお骨折りをいただきました。併せて感謝申し上げます。

2022年8月7日　立秋

著者

CONTENTS もくじ

発　音

1 声調

🔊001

第1声	ā	mā［妈］	高く平らに。
第2声	á	má［麻］	音域の中程から最高点へ。
第3声	ǎ	mǎ［马］	低く押さえる。
第4声	à	mà［骂］	最高点から急速に落とす。

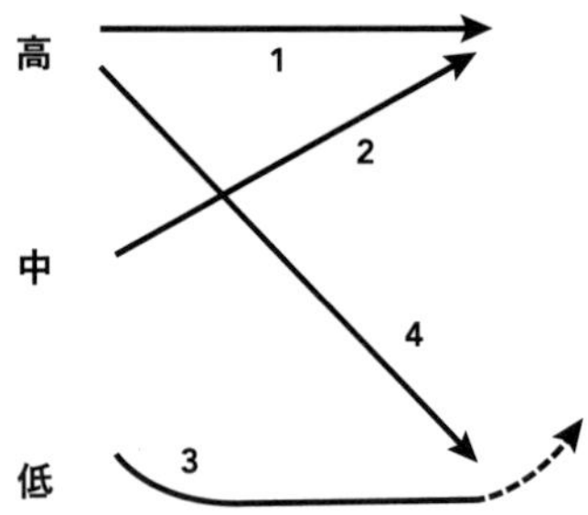

2 単母音

🔊002

a		顎を下に引き、口を上下に大きく開ける。
o		唇を丸め、やや突き出す。
e		舌を後ろへ引く。口は若干開いた状態になる。
i	(yi)	口を左右に引ききった状態で発音する。
u	(wu)	唇をすぼめて突き出した状態で発音する。
ü	(yu)	唇の構えはuと同じにし、その状態でiを発音する。舌がuに比べて前寄りになる。

✓（　）は前に子音がないときの綴り。

▶そり舌母音

er	何も力が入っていない時の構え（舌は口腔の中央部に平たく置かれている状態）から舌先をそり上げる。

練習 1　発音してみましょう。　003

ā	á	ǎ	à	à	ǎ	á	ā
ō	ó	ǒ	ò	ò	ǒ	ó	ō
ē	é	ě	è	è	ě	é	ē
-ī	-í	-ǐ	-ì	yì	yǐ	yí	yī
-ū	-ú	-ǔ	-ù	wù	wǔ	wú	wū
-ǖ	-ǘ	-ǚ	-ǜ	yù	yǔ	yú	yū
ēr	ér	ěr	èr	èr	ěr	ér	ēr

練習 2　音声を聞いて、ピンインの上に声調記号を書きましょう。　004

① a　② e　③ o　④ yi

⑤ wu　⑥ yu　⑦ er　⑧ a yi

練習 3　音声を聞いて、ピンインを書き取りましょう。　005

①（　　　　）五　②（　　　　）二　③（　　　　）一　④（　　　　）哦

⑤（　　　　）阿姨　⑥（　　　　）鹅　⑦（　　　　）鳄鱼　⑧（　　　　）俄语

3 子音

🔊006

	無気音	有気音		
唇音	**b** (o)	**p** (o)	**m** (o)	**f** (o)
舌先音	**d** (e)	**t** (e)	**n** (e)	**l** (e)
舌根音	**g** (e)	**k** (e)	**h** (e)	
舌面音	**j** (i)	**q** (i)	**x** (i)	
そり舌音	**zh** (i)	**ch** (i)	**sh** (i)	**r** (i)
舌歯音	**z** (i)	**c** (i)	**s** (i)	

✔ j、q、x に ü が続くときは u と綴る。

練習 1 発音してみましょう。 🔊007

① wǒ ［我］　② nǐ ［你］　③ tā ［他］　④ fó ［佛］

⑤ gē ［哥］　⑥ dú ［读］　⑦ zhū ［猪］　⑧ cū ［粗］

練習 2 音声を聞いて、子音を書き取りましょう。 🔊008

① (　　) ā ［发］　② (　　) ā ［哈］　③ (　　) ù ［句］　④ (　　) á ［茶］

⑤ (　　) ǐ ［洗］　⑥ (　　) í ［词］　⑦ (　　) í ［旗］　⑧ (　　) ù ［酷］

4 軽声

🔊009

単独では発音せず、前の音節に軽く添えるようにする。声調記号はつけない。

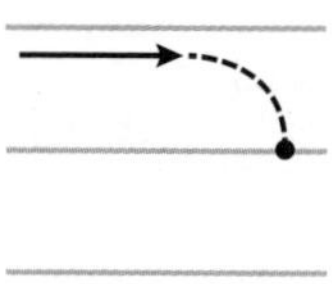

māma ［妈妈］
母

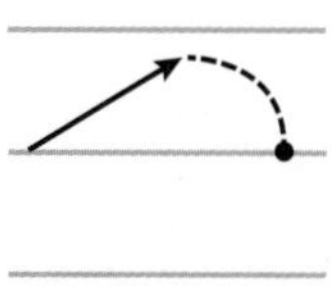

yéye ［爷爷］
（父方の）祖父

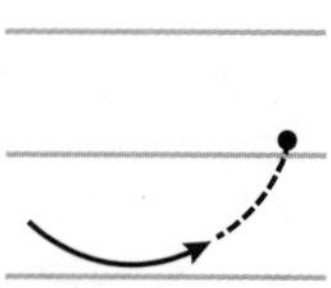

jiějie ［姐姐］
姉

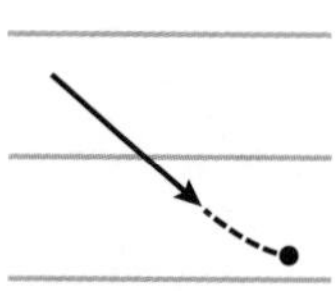

dìdi ［弟弟］
弟

声調記号のつけ方

口の開きの大きい方が優先される。a > o、e > i、u、ü

- a があれば a に。 wài、xiǎo
- a がなければ o か e に。 qiē、hóu、guǒ、mèi
- iu, ui の場合は後の音に。 xiū、liú、shuǐ、guì
- i につけるときには上の点を取る。 -ī、-í、-ǐ、-ì

練習 1　発音してみましょう。 010

① bàba［爸爸］父
② māma［妈妈］母
③ gēge［哥哥］兄
④ jiějie［姐姐］姉
⑤ dìdi［弟弟］弟
⑥ yéye［爷爷］（父方の）祖父
⑦ nǎinai［奶奶］（父方の）祖母
⑧ bóbo［伯伯］（父の兄）伯父

練習 2　音声を聞いて、ピンインの上に声調記号を書きましょう。 011

①
shushu［叔叔］
叔父（父の弟）

②
huhu［糊糊］
トウモロコシなどのお粥

③
laoye［姥爷］
（母方の）祖父

④
kuzi［裤子］
ズボン

⑤
keqi［客气］
遠慮する

⑥
laolao［姥姥］
（母方の）祖母

⑦
haizi［孩子］
子供

⑧
ta de［她的］
彼女の

5 複合母音

🔊 012

ai	ei	ao	ou	
ia (ya)	ie (ye)	ua (wa)	uo (wo)	üe (yue)
iao (yao)	iou[-iu] (you)	uai (wai)	uei[-ui] (wei)	

✔[ ] は前に子音がくるときの綴り。

練習 1 発音してみましょう。 🔊 013

1-1

① láilì [来历] 来歴
② hēi fà [黑发] 黒髪
③ gāojí [高级] 高級な
④ règǒu [热狗] ホットドッグ
⑤ xiàchē [下车] 降車する
⑥ yáchǐ [牙齿] 歯
⑦ xiétiáo [协调] 協調する
⑧ yéye [爷爷] (父方の) 祖父
⑨ kāihuā [开花] 花が咲く
⑩ wáwa [娃娃] 赤ちゃん
⑪ guójiā [国家] 国家
⑫ bǎwò [把握] つかむ
⑬ lüètú [略图] 略図
⑭ yuèmò [月末] 月末

1-2

① xiǎo hé [小河] 小さい川
② xūyào [需要] 必要としている
③ liúxué [留学] 留学する
④ méiyǒu [没有] ない
⑤ qíguài [奇怪] 不思議である
⑥ wàiguó [外国] 外国
⑦ Guìlín [桂林] (中国の地名) 桂林
⑧ wēilì [威力] 威力

練習 2　音声を聞いて、ピンインを書き取りましょう。　014

2-1

① yìb(　　　)［一百］
百

② f(　　　)jī［飞机］
飛行機

③ l(　　　)lì［劳力］
労力

④ zhūr(　　　)［猪肉］
豚肉

⑤ dàj(　　　)［大家］
みなさん

⑥ (　　　)gāo［牙膏］
歯磨き粉

⑦ xiāom(　　　)［消灭］
消滅させる

⑧ (　　　)ye［爷爷］
祖父

⑨ xīg(　　　)［西瓜］
スイカ

⑩ (　　　)zi［袜子］
靴下

⑪ h(　　　)chē［火车］
汽車

⑫ bǔzh(　　　)［捕捉］
捕らえる

⑬ n(　　　)dài［虐待］
虐待する

⑭ (　　　)huì［约会］
デート

2-2

① shuǐn(　　　)［水鸟］
水鳥

② búy(　　　)［不要］
～するな

③ x(　　　)xi［休息］
休憩する

④ zuǒ(　　　)［左右］
～ぐらい

⑤ k(　　　)chē［快车］
急行（列車、バス）

⑥ (　　　)bù［外部］
外部

⑦ h(　　　)sè［灰色］
灰色

⑧ (　　　)lái［未来］
未来

6 鼻母音

🔊015

an	- ang	en	- eng	in	- ing
ian (yan)	- iang (yang)	uan (wan)	- uang (wang)	uen[-un] (wen)	- ueng (weng)
üan (yuan)	- ün (yun)	ong	- iong (yong)		

練習1 発音してみましょう。 🔊016

① shàngshān［上山］山に登る　② rénshēng［人生］人生　③ xīnxīng［新星］新しいスター　④ bīngyíng［兵营］兵営

⑤ xiànxiàng［现象］現象　⑥ guānguāng［观光］観光する　⑦ lùnwén［论文］論文　⑧ lǎowēng［老翁］老人

⑨ yuǎnfāng［远方］遠方　⑩ jūnrén［军人］軍人　⑪ zhòngyòng［重用］重用する　⑫ yīngxióng［英雄］英雄

練習2 音声を聞いて、ピンインを書き取りましょう。 🔊017

① Rìb(　　　) 日本　② D(　　　)jīng 东京　③ Dàb(　　　) 大阪　④ Nàil(　　　) 奈良

⑤ Zh(　　　)guó 中国　⑥ Běij(　　　) 北京　⑦ Gùg(　　　) 故宫　⑧ Ch(　　　)ch(　　　) 长城

総合練習1 音声を聞いて、ピンインを書き取りましょう。 🔊018

① Zuǒt(　　　) 佐藤　② L(　　　)mù 铃木　③ Gāoq(　　　) 高桥　④ Tiánzh(　　　) 田中

⑤ Dùb(　　　) 渡边　⑥ Yīt(　　　) 伊藤　⑦ Shānb(　　　) 山本　⑧ Zhōngc(　　　) 中村

⑨ Xiǎol(　　　) ⑩ Jiāt(　　　)
小林　加藤

総合練習 2　音声を聞いて、ピンインを書き取りましょう。 019

① (　　　) ② (　　　) ③ (　　　) ④ (　　　) ⑤ (　　　)
李　王　张　刘　陈

⑥ (　　　) ⑦ (　　　) ⑧ (　　　) ⑨ (　　　) ⑩ (　　　)
杨　赵　黄　周　吴

総合練習 3　音声を聞いて、ピンインを書き取り、さらに覚えましょう。 020

(　　　) (　　　) (　　　) (　　　) (　　　)
一　二　三　四　五

(　　　) (　　　) (　　　) (　　　) (　　　)
六　七　八　九　十

（絵：小笠原 沙織）

▶ 隔音記号

a、o、e で始まる音節が続く場合、その前に ’（隔音記号）を付けて、前の音節との切れ目を表す。西安（Xī’ān）

【 中国語音節表 】

母音＼子音	なし	b	p	m	f	d	t	n	l	g	k	h	j	q	x	zh	ch	sh	r	z	c	s
a	a	ba	pa	ma	fa	da	ta	na	la	ga	ka	ha				zha	cha	sha		za	ca	sa
o	o	bo	po	mo	fo																	
e	e			me		de	te	ne	le	ge	ke	he				zhe	che	she	re	ze	ce	se
-i[ʅ]																zhi	chi	shi	ri			
-i[ɿ]																				zi	ci	si
er	er																					
ai	ai	bai	pai	mai		dai	tai	nai	lai	gai	kai	hai				zhai	chai	shai		zai	cai	sai
ei	ei	bei	pei	mei	fei	dei		nei	lei	gei	kei	hei				zhei		shei		zei		
ao	ao	bao	pao	mao		dao	tao	nao	lao	gao	kao	hao				zhao	chao	shao	rao	zao	cao	sao
ou	ou		pou	mou	fou	dou	tou	nou	lou	gou	kou	hou				zhou	chou	shou	rou	zou	cou	sou
an	an	ban	pan	man	fan	dan	tan	nan	lan	gan	kan	han				zhan	chan	shan	ran	zan	can	san
en	en	ben	pen	men	fen	den		nen		gen	ken	hen				zhen	chen	shen	ren	zen	cen	sen
ang	ang	bang	pang	mang	fang	dang	tang	nang	lang	gang	kang	hang				zhang	chang	shang	rang	zang	cang	sang
eng	eng	beng	peng	meng	feng	deng	teng	neng	leng	geng	keng	heng				zheng	cheng	sheng	reng	zeng	ceng	seng
ong	ong					dong	tong	nong	long	gong	kong	hong				zhong	chong		rong	zong	cong	song
i[i]	yi	bi	pi	mi		di	ti	ni	li				ji	qi	xi							
ia	ya								lia				jia	qia	xia							
ie	ye	bie	pie	mie		die	tie	nie	lie				jie	qie	xie							
iao	yao	biao	piao	miao		diao	tiao	niao	liao				jiao	qiao	xiao							
iou -iu	you			miu		diu		niu	liu				jiu	qiu	xiu							
ian	yan	bian	pian	mian		dian	tian	nian	lian				jian	qian	xian							
in	yin	bin	pin	min				nin	lin				jin	qin	xin							
iang	yang							niang	liang				jiang	qiang	xiang							
ing	ying	bing	ping	ming		ding	ting	ning	ling				jing	qing	xing							
iong	yong												jiong	qiong	xiong							
u	wu	bu	pu	mu	fu	du	tu	nu	lu	gu	ku	hu				zhu	chu	shu	ru	zu	cu	su
ua	wa									gua	kua	hua				zhua	chua	shua				
uo	wo					duo	tuo	nuo	luo	guo	kuo	huo				zhuo	chuo	shuo	ruo	zuo	cuo	suo
uai	wai									guai	kuai	huai				zhuai	chuai	shuai				
uei -ui	wei					dui	tui			gui	kui	hui				zhui	chui	shui	rui	zui	cui	sui
uan	wan					duan	tuan	nuan	luan	guan	kuan	huan				zhuan	chuan	shuan	ruan	zuan	cuan	suan
uen -un	wen					dun	tun		lun	gun	kun	hun				zhun	chun	shun	run	zun	cun	sun
uang	wang									guang	kuang	huang				zhuang	chuang	shuang				
ueng	weng																					
ü	yu							nü	lü				ju	qu	xu							
üe	yue							nüe	lüe				jue	que	xue							
üan	yuan												juan	quan	xuan							
ün	yun												jun	qun	xun							

7 声調の変化

【1】第 3 声の変調 021

第 3 声 ＋ 第 3 声 → 第 2 声 ＋ 第 3 声

〈表記〉		〈発音〉	
nǐ hǎo	→	ní hǎo	［你好］こんにちは
lǎobǎn	→	láobǎn	［老板］店主
zhǎnlǎnguǎn	→	zhánlánguǎn	［展览馆］展覧館

【2】“不 bù”と“一 yī”の変調 022

(1)“不 bù”の変調

- bù ＋ 第 1・2・3 声 → bù が第 4 声のままで発音される。

bù hēi	bù bái	bù xiǎo
不黑	不白	不小
黒くない	白くない	小さくない

- bù ＋ 第 4 声 → bú ＋ 第 4 声　表記は変調後の声調となる。

bú shì	bú zài	búyào
不是	不在	不要
～ではない	いない	～するな

(2) "一 yī" の変調

✓ 数字のつぶ読み、序数、末尾にくるときは第 1 声のままで発音される。

dì yī míng	yī lóu	bāshí yī
第一名	一楼	八十一
一番	一階	81

✓ yī ＋ 第 1・2・3 声 → yì ＋ 第 1・2・3 声　表記は変調後の声調となる。

yì zhī	yì píng	yì wǎn
一只	一瓶	一碗
一匹	一瓶	一杯

✓ yī ＋ 第 4 声 → yí ＋ 第 4 声　表記は変調後の声調となる。

yícì	yílù	yíyàng
一次	一路	一样
一回	道中	同じである

8 ｜ 儿化音

🔊 023

✓ 音節末に舌先を巻き上げて r で発音される現象を「r 化」と呼ぶ。漢字表記は "儿" であり、口語に多く使われる。

huā		huār	niǎo		niǎor
花	→	花儿	鸟	→	鸟儿
花			鳥		

✓ r の前の n、ng および複合母音の i は発音しない。

yìdiǎnr	jìnr	kòngr	yǐngr	wèir	yíhuèir
一点儿	劲儿	空儿	影儿	味儿	一会儿
少し	力	すきま	影	味、におい	ちょっとの間

✓ [ʅ] が [ɤ] となる。

méishìr	guǒzhīr
没事儿	果汁儿
暇である	ジュース

【 品詞名　略称一覧 】

名	名詞	名词	接続	接続詞	连词
代	代名詞	代词	感	感動詞	叹词
動	動詞	动词	数	数詞	数词
形	形容詞	形容词	量	助数詞	量词
副	副詞	副词	数量	数量詞	数量词
助動	助動詞	能愿动词	助	助詞	助词
前置	前置詞	介词	接頭	接頭辞	前缀
疑	疑問代詞	疑问代词			

【 本テキストの主要な登場人物 】

三浦 法子（Sānpǔ Fǎzǐ）
「北京海淀大学」の日本人留学生

孔 文（Kǒng Wén）
三浦さんの **“语伴”**（yǔbàn）（語学パートナー）

丁 宁（Dīng Níng）
孔文さんの従妹

LESSON 1

第 1 课 Dì yī kè

我 喝 咖啡。
Wǒ hē kāfēi.

ウォーミングアップ  丸ごと覚える表現

🔊024

- 你好。　（こんにちは。）
  Nǐ hǎo.
- 请坐。　（どうぞお掛けください。）
  Qǐng zuò.
- 请喝茶。　（お茶をどうぞ。）
  Qǐng hē chá.
- 认识你很高兴。　（お会いできて嬉しいです。）
  Rènshi nǐ hěn gāoxìng.
- 请多关照。　（どうぞよろしくお願いします。）
  Qǐng duō guānzhào.

会話文

🔊025

（大学内の喫茶店にて）

孔文：你好，你 是 三浦 法子 吗？
Kǒng Wén　Nǐ hǎo, nǐ shì Sānpǔ Fǎzǐ ma?

三浦：对，我 是 三浦 法子。
Sānpǔ　Duì, wǒ shì Sānpǔ Fǎzǐ.

孔文：我 叫 孔 文，是 你 的 语伴。
Kǒng Wén　Wǒ jiào Kǒng Wén, shì nǐ de yǔbàn.

三浦：孔 文 你好。请 坐。
Sānpǔ　Kǒng Wén nǐ hǎo. Qǐng zuò.

你 喝 茶 吗？
Nǐ hē chá ma?

孔文：我 不 喝 茶。我 喝 咖啡。
Kǒng Wén　Wǒ bù hē chá. Wǒ hē kāfēi.

三浦：那 我 也 喝 咖啡。
Sānpǔ　Nà wǒ yě hē kāfēi.

孔文：认识 你 很 高兴。
Kǒng Wén Rènshi nǐ hěn gāoxìng.

三浦：请 多 关照。
Sānpǔ Qǐng duō guānzhào.

単語 026

- 我 wǒ 代 私
- 喝 hē 動 飲む
- 咖啡 kāfēi 名 コーヒー
- 你 nǐ 代 あなた
- 好 hǎo 形 良い
- 是 shì 動 ～だ
- 吗 ma 助 ～か（質問・疑問を表す）
- 对 duì 形 そうだ、正しい
- 叫 jiào 動 ～と呼ぶ、呼ぶ
- 的 de 助 ～の
  （語句の後ろにつけて名詞の修飾語をつくる、
  第5課ポイント3）
- 语伴 yǔbàn 名 語学パートナー
- 请 qǐng 動 どうぞ～してください（敬辞）
- 坐 zuò 動 座る、乗る
- 茶 chá 名 お茶
- 不 bù 副 ～しない、～ではない
- 那 nà 続 それでは、それなら
- 也 yě 副 ～も
  （2つの事柄が同じであることを表す）
- 认识 rènshi 動 見知る、知っている
- 很 hěn 副 とても
  （第4課ポイント2）
- 高兴 gāoxìng 形 嬉しい

POINT ポイント

1 動詞述語文

🔊 027

主語	+	動詞	+	目的語
我		喝		咖啡。
Wǒ		hē		kāfēi.

1）我是日本人[1]。　Wǒ shì Rìběnrén.

2）她[2]叫三浦法子。　Tā jiào Sānpǔ Fǎzǐ.

🔊 028

1 **日本人** Rìběnrén 名 日本人
2 **她** tā 代 彼女、あの人
3 **绿茶** lǜchá 名 緑茶
4 **他** tā 代 彼、あの人
5 **留学生** liúxuéshēng 名 留学生

早速中国語で言ってみよう
① 私は緑茶[3]を飲みます。
② 彼[4]は留学生[5]です。
③ 彼は孔文と言います。

2 当否疑問文“～吗”

🔊 029

平叙文	+	“吗”
你喝茶		吗？
Nǐ hē chá		ma?

1）他是留学生吗？　Tā shì liúxuéshēng ma?

2）你是孔文的语伴吗？　Nǐ shì Kǒng Wén de yǔbàn ma?

🔊 030

6 **红茶** hóngchá 名 紅茶
7 **学生** xuésheng 名 学生

早速中国語で言ってみよう
① あなたは紅茶[6]を飲みますか。
② 彼は日本人ですか。
③ 孔文さんはあなたの学生[7]ですか。

3 否定副詞“不”

🔊 031

主語	+	“不”	+	動詞	+	目的語
我		不		喝		茶。
Wǒ		bù		hē		chá.

1）她不是留学生。　Tā bú shì liúxuéshēng.

2）我加[8]牛奶[9]，不加糖[10]。　Wǒ jiā niúnǎi, bù jiā táng.

🔊 032

8 **加** jiā 動 加える
9 **牛奶** niúnǎi 名 牛乳
10 **糖** táng 名 砂糖、飴
11 **中国人** Zhōngguórén 名 中国人

早速中国語で言ってみよう
① 彼女はコーヒーを飲みません。
② 三浦さんは中国人[11]ではありません。
③ 私はミルクを入れません。

4 姓名の言い方

🔊 033

1）您[12]贵姓[13]？　Nín guìxìng?

2）你叫什么[14]名字[15]？　Nǐ jiào shénme míngzi?

3）他姓[16]孔，叫孔文。　Tā xìng Kǒng, jiào Kǒng Wén.

🔊 034

12 **您** nín 代 あなた（敬称）
13 **贵姓** guìxìng 名 お名前、ご芳名（敬辞）
14 **什么** shénme 疑 なに
15 **名字** míngzi 名 名前
16 **姓** xìng 動 姓は～である

早速中国語で言ってみよう ① 私の苗字は李[17]で、李寧と言います。
② 彼女の名前は何ですか？
③ 彼女の苗字は丁ではありません。

17 李 Lǐ 名 李（姓の一つ）

5 副詞“也”

🔊035

主語	+	“也”	+	動詞	+	目的語
我		也		喝		咖啡。
Wǒ		yě		hē		kāfēi.

🔊036

1) 我也姓孔。 Wǒ yě xìng Kǒng.

2) 小[18]李也不加糖。 Xiǎo-Lǐ yě bù jiā táng.

18 小 Xiǎo 接頭 ～君、～さん（ちゃん）（単音節に付く）

19 田中 Tiánzhōng 名 田中（姓の一つ）

早速中国語で言ってみよう ① 私も紅茶を飲みます。
② 田中[19]さんも日本人です。
③ 孔さんもコーヒーを飲みません。

TRAINING トレーニングコーナー

1

次のピンインに声調記号を付けて、発音してみましょう。 037

① Ni hao, wo jiao Kong Wen.

② Renshi ni hen gaoxing.

③ Ni shi liuxuesheng ma?

④ Nin guixing?

⑤ Xiao-Li ye bu he kafei.

2

上の①～⑤を中国語の簡体字で書き、さらに日本語に訳しましょう。

① ______________________

［訳］......................

② ______________________

［訳］......................

③ ______________________

［訳］......................

④ ______________________

［訳］......................

⑤ ______________________

［訳］......................

3

音声を聞いて次の質問文を書き取り、さらに中国語で答えましょう。 038

① 你 ______________ ?　［答］我姓 ______ ，叫 ______ 。

② 你 ______________ 吗？　［答］我 ______________ 。

③ 你 ______________ 吗？　［答］我 ______________ 。

④ 你＿＿＿＿＿＿＿＿＿＿＿＿＿＿＿吗？　[答] 我＿＿＿＿＿＿＿＿＿＿＿＿＿＿＿。

⑤ 孔文是三浦的＿＿＿＿＿＿＿＿＿吗？　[答]＿＿＿＿＿＿＿＿＿＿＿＿＿＿＿＿。

4

次の絵について、［　］内の語句を使って語ってみましょう。

①

［姓，叫］

她＿＿＿＿＿＿＿＿＿＿＿＿＿＿＿。

②

［加，不加］

我＿＿＿＿＿＿＿＿＿＿＿＿＿＿＿。

③

［吃（chī 食べる）］

你＿＿＿＿＿＿＿＿＿＿＿＿＿＿吗？

④

［也，喝］

他＿＿＿＿＿＿＿＿＿＿＿＿＿＿＿。

COLUMN

あいさつ

中国語の挨拶の基本は日本と同じで、朝は“早上好 Zǎoshang hǎo”（おはよう）、夜は“晚上好 Wǎnshang hǎo”（こんばんは）、寝る前は“晚安 Wǎn'ān”（おやすみ）などです。日本とちょっと違うなと感じるのは、中国人は気さくによく声をかけてくること。顔見知り程度の近所のおじさん、おばさんでもこちらに気づくと「もうご飯食べた？」とか「学校行くの？」とか声をかけてくれます。また、そうした問いかけには必ず返事をするのも中国の当たり前の習慣です。“谢谢 Xièxie”（ありがとう）と言われたら、“不客气 Bú kèqi”、“不用谢 Búyòng xiè”（どういたしまして）、“对不起 Duìbuqǐ”（ごめんなさい）には“没事儿 Méishìr”（いいよ）など決まり文句の返事もけっこうあります。

挨拶は会話の潤滑油であるとはよく言われることで、そこから少しずつ話ができるようになることも期待できるでしょう。外国語で会話をするのは誰しも緊張するものですが、こういう決まった挨拶言葉を一つずつ覚えて声を出してみる習慣を身に付けることも大事なことだと思います。

LESSON 2

第 2 课
Dì èr kè

你 什么 时候 有 时间?
Nǐ shénme shíhou yǒu shíjiān?

ウォーミングアップ 丸ごと覚える表現

039

● 零、一、二、三、四、五、六、七、八、九、十／几（いくつ）
líng yī èr sān sì wǔ liù qī bā jiǔ shí jǐ

一个（1個）、两个（2個）、三个（3個）、四个（4個）
yí ge liǎng ge sān ge sì ge

……十个（10個）／几个（何個、いくつ）
shí ge jǐ ge

● 星期一（月曜日）、星期二（火曜日）、星期三（水曜日）
xīngqīyī xīngqī'èr xīngqīsān

……星期六（土曜日）、星期日／星期天（日曜日）／星期几（何曜日）
xīngqīliù xīngqīrì xīngqītiān xīngqījǐ

● 一点（1時）、两点（2時）、三点（3時）、四点（4時）
yì diǎn liǎng diǎn sān diǎn sì diǎn

……十二点（12時）／几点（何時）
shí'èr diǎn jǐ diǎn

● 好。（よろしい。はい。） 没问题。（大丈夫だ。） 对了。（そうだ。）
Hǎo. Méi wèntí. Duìle.

会話文

040

三浦：孔 文，你 什么 时候 有 时间？
Sānpǔ Kǒng Wén, nǐ shénme shíhou yǒu shíjiān?

孔文：我 星期三 有 空儿。你 呢？
Kǒng Wén Wǒ xīngqīsān yǒu kòngr. Nǐ ne?

三浦：我 星期三 下午 也 没有 安排。
Sānpǔ Wǒ xīngqīsān xiàwǔ yě méiyǒu ānpái.

孔文：那 我们 星期三 下午 一起 学习 吧。
Kǒng Wén Nà wǒmen xīngqīsān xiàwǔ yìqǐ xuéxí ba.

三浦：好。咱们 几点 见面？
Sānpǔ Hǎo. Zánmen jǐ diǎn jiànmiàn?

孔文：两点 怎么样？
Kǒng Wén Liǎng diǎn zěnmeyàng?

三浦：没 问题。对了，附近 有 超市 吗？
Sānpǔ Méi wèntí. Duìle, fùjìn yǒu chāoshì ma?

孔文：附近 没有 超市，有 一个 便利店。
Kǒng Wén Fùjìn méiyǒu chāoshì, yǒu yí ge biànlìdiàn.

単語 041

- 时候 shíhou 名 時
- 有 yǒu 動 ある、いる
- 时间 shíjiān 名 時間
- 星期 xīngqī 名 曜日、週
- 空儿 kòngr 名 暇
- 呢 ne 助 ～は？
- 下午 xiàwǔ 名 午後 ⟷ 上午 shàngwǔ 名 午前
- 没有 méiyǒu 動 ～がない
- 安排 ānpái 名 予定
- 我们 wǒmen 代 私たち
- 一起 yìqǐ 副 一緒に
- 学习 xuéxí 動 勉強する
- 吧 ba 助 ～しよう
- 咱们 zánmen 代 （話し手と聞き手の双方を含む）私たち
- 点 diǎn 量 時
- 见面 jiàn//miàn 動 会う
- 两 liǎng 数 数量を言う 2
- 怎么样 zěnmeyàng 疑 どう
- 没 méi 動 （"没有" の略）～がない、～ていない
- 问题 wèntí 名 問題
- 附近 fùjìn 名 付近
- 超市 chāoshì 名 スーパーマーケット
- 个 ge 量 個（人や事物を数えるときに最も広く用いられる量詞）
- 便利店 biànlìdiàn 名 コンビニエンスストア

POINT ポイント

1 | 人称代名詞（複数）

🔊 042

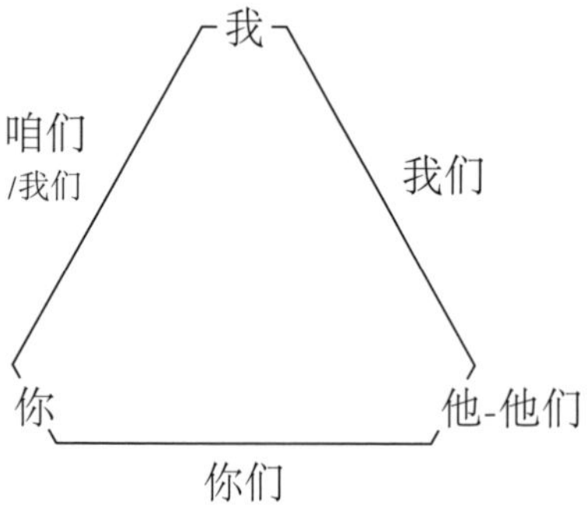

我 wǒ	我们 wǒmen / 咱们 zánmen
你 nǐ / 您 nín	你们 nǐmen
他 tā / 她 tā / 它 tā	他们 tāmen / 她们 tāmen / 它们 tāmen
谁 shéi	谁 shéi

2 | 量詞の使い方

🔊 043

数詞	+	量詞	+	名詞
一		个		便利店
yí		ge		biànlìdiàn

🔊 044

1) 三个学生　sān ge xuésheng

2) 一台[1]电脑[2]　yì tái diànnǎo

3) 两杯[3]茶　liǎng bēi chá

1 台 tái 量 台
2 电脑 diànnǎo 名 コンピュータ
3 杯 bēi 量 杯

3 | 動詞 "有"

🔊 045

場所・時間	+	"有"	+	不定の人や事物
附近		有		(一)个便利店。
Fùjìn		yǒu		(yí)ge biànlìdiàn.

✔ "有" の否定には "没有" を用いる。

1) 星期天有空儿吗？　Xīngqītiān yǒu kòngr ma?

2) 附近没有便利店。　Fùjìn méiyǒu biànlìdiàn.

3) 超市里[4]有两台 ATM 机[5]。　Chāoshì li yǒu liǎng tái ATMjī.

🔊 046

4 里 li 名 中
5 ATM 机 ATMjī 名 ATM

早速中国語で言ってみよう

① 彼はパソコンを 2 台持っています。
② 午後は暇がありません。
③ あなたには語学パートナーがいますか。

4 | 省略疑問文“～呢”

🔊 047

我 星期三 有 空儿。 你 呢？
Wǒ xīngqīsān yǒu kòngr. Nǐ ne?

1) 我喝咖啡，李老师[6]呢？ Wǒ hē kāfēi, Lǐ lǎoshī ne?

2) 孔文的朋友[7]星期六有空儿，你呢？
Kǒng Wén de péngyou xīngqīliù yǒu kòngr, nǐ ne?

🔊 048

6 老师 lǎoshī 名 先生
7 朋友 péngyou 名 友達

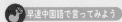

早速中国語で言ってみよう ① 私は紅茶を飲みます。彼女は？
② 私の苗字は李です。あなたは？

5 | 語気助詞“吧”（1）——相談・提案

🔊 049

我们 下午 一起 学习 吧。
Wǒmen xiàwǔ yìqǐ xuéxí ba.

1) 我们两点见面吧。 Wǒmen liǎng diǎn jiànmiàn ba.

2) 咱们看[8]电视[9]吧。 Zánmen kàn diànshì ba.

🔊 050

8 看 kàn 動 見る
9 电视 diànshì 名 テレビ
10 电影 diànyǐng 名 映画
11 冰激凌 bīngjīlíng 名 アイスクリーム

早速中国語で言ってみよう ① 一緒に映画[10]を見ましょう。
② アイス[11]を食べましょう。

6 | 疑問詞疑問文

🔊 051

咱们 几点 见面？（×咱们几点见面吗？）
Zánmen jǐ diǎn jiànmiàn?

1) 你几点睡觉[12]？ Nǐ jǐ diǎn shuìjiào?

2) 星期天怎么样？ Xīngqītiān zěnmeyàng?

3) 谁姓王[13]？ Shéi xìng Wáng?

🔊 052

12 睡觉 shuì//jiào 動 寝る、“睡”とも言う
13 王 Wáng 名 王（姓の一つ）

早速中国語で言ってみよう ① 私たちは何を食べましょうか。
② 三浦さんはコンピュータを何台持っていますか。

TRAINING トレーニングコーナー

1

次のピンインに声調記号を付けて、発音してみましょう。 053

① Ni shenme shihou you shijian?

② Wo xingqisi xiawu meiyou anpai.

③ Na zanmen yiqi he cha ba.

④ Nar you bianlidian?

⑤ Fujin meiyou chaoshi.

2

上の①〜⑤を中国語の簡体字で書き、さらに日本語に訳しましょう。

① ____________________

［訳］

② ____________________

［訳］

③ ____________________

［訳］

④ ____________________

［訳］

⑤ ____________________

［訳］

3

音声を聞いて次の質問文を書き取り、さらに中国語で答えましょう。 054

① ____________________？ ［答］____________________。

② ____________________？ ［答］____________________。

③ ____________________？ ［答］____________________。

④ ________________________？ [答] ________________________。

⑤ 你 ________________________？ [答] 我 ________________________。

4

次の絵について、［　］内の語句を使って語ってみましょう。

①

［两个，中国朋友］

她 ________________________。

②

［有，空儿］

他 ________________________ 吗？

③

［什么］

你们 ________________________？

④

［一起，吧］

________________________。

COLUMN

大学生活

日本人には余り知られていませんが、中国の大学はほぼすべて全寮制の仕組みになっています。なにしろ広大な国土を持つ国ですから、北京や上海のような大都会を除けば、日本のように「できるだけ自宅から通える大学に行こう」という選択肢は最初からないのが普通です。何十人もいるクラスで「私の家はこの中でいちばん大学から近いです」という学生に聞いてみたら、長距離バスを２回乗り換えて片道３時間以上と言われて驚いたことがありました。

寮室は一昔前までは二段ベッドが並んだ８人部屋というのが基本だったようですが、最近は多少改善されてベッドの脇に小さな机を置いた４人部屋というのが増えているようです。通常で２～３万人が在籍する中国の大学では、日本のように全員に個室を用意することはさすがに無理なのでしょう。

ですから、中国の大学の周辺は一日中賑やかです。教室や図書館は静かな環境で勉強したいという学生で夜も満員ですし、学校周辺の食堂は多くの人でいつも賑わっています。

LESSON 3

第 3 课 明天 中秋节。
Dì sān kè Míngtiān Zhōngqiūjié.

ウォーミングアップ 丸ごと覚える表現 055

- 前天（一昨日）qiántiān
- 昨天（昨日）zuótiān
- 今天（今日）jīntiān
- 明天（明日）míngtiān
- 后天（明後日）hòutiān
- 前年（一昨年）qiánnián
- 去年（去年）qùnián
- 今年（今年）jīnnián
- 明年（来年）míngnián
- 后年（再来年）hòunián
- 谢谢你邀请我。（誘ってくれてありがとう。）Xièxie nǐ yāoqǐng wǒ.
- 太好了。（良かった。）Tài hǎo le.
- 说好了。（約束ですよ。）Shuō hǎo le.
- 一定一定。（ぜひぜひ。）Yídìng yídìng.

会話文 056

孔文 (Kǒng Wén)：明天 中秋节，你 来 我 家 过节 吧。
Míngtiān Zhōngqiūjié, nǐ lái wǒ jiā guòjié ba.

三浦 (Sānpǔ)：好 啊，谢谢 你 邀请 我。
Hǎo a, xièxie nǐ yāoqǐng wǒ.

孔文 (Kǒng Wén)：明天 我 爸爸 做 菜，他 会 做 红烧肉。
Míngtiān wǒ bàba zuò cài, tā huì zuò hóngshāoròu.

三浦 (Sānpǔ)：红烧肉？ 太好了。
Hóngshāoròu? Tàihǎole.

我 正好 想 吃。
Wǒ zhènghǎo xiǎng chī.

孔文 (Kǒng Wén)：那 说好 了。
Nà shuōhǎo le.

我 家 在 圆明园 旁边。
Wǒ jiā zài Yuánmíngyuán pángbiān.

三浦：好，我 坐 公交车 去。
Sānpǔ　Hǎo, wǒ zuò gōngjiāochē qù.

孔文：晚上 六点，我们 等 你。
Kǒng Wén　Wǎnshang liù diǎn, wǒmen děng nǐ.

三浦：一定 一定。
Sānpǔ　Yídìng yídìng.

単語 057

- 中秋节 Zhōngqiūjié [名] 中秋節、旧暦の 8 月 15 日
- 节 jié [名] 祝祭日
- 来 lái [動] 来る
- 家 jiā [名] 家
- 过 guò [動] 祝う、通る
- 过节 guò//jié [動] 祝日を祝う
- 啊 a [助] ～ね（肯定・弁解・催促などの語気を表す）
- 谢谢 xièxie [動] ～に感謝する
- 邀请 yāoqǐng [動] 招待する
- 爸爸 bàba [名] お父さん
- 做 zuò [動] 作る
- 菜 cài [名] おかず、料理
- 会 huì [動] [助動] できる、～することができる
- 红烧肉 hóngshāoròu [名] 豚肉の醤油煮込み
- 太 tài [副] すごく、とても
- 太～了 tài~le あまりにも～だ（過度に程度が甚だしいことを表す。“了”：第7課ポイント 1 参照）
- 正好 zhènghǎo [副] ちょうど、都合よく
- 想 xiǎng [助動] ～したい
- 说 shuō [動] 言う
- 说好 shuō//hǎo 話を決める、約束する
- 在 zài [動] ある・いる
- 圆明园 Yuánmíngyuán [名] 円明園
- 旁边 pángbiān [名] 傍ら、そば
- 公交车 gōngjiāochē [名] 路線バス
- 去 qù [動] 行く
- 晚上 wǎnshang [名] 夜
- 等 děng [動] 待つ
- 一定 yídìng [副] 必ず、きっと

POINT ポイント

1 名詞述語文

🔊058

主語	+	名詞(句)からなる述語
明天		中秋节。
Míngtiān		Zhōngqiūjié.

🔊059

1) 昨天星期五。 Zuótiān xīngqīwǔ.

2) 今天六月[1]十五号／日[2]。 Jīntiān liùyuè shíwǔ hào/rì.

3) 现在[3]两点二十分[4]。 Xiànzài liǎng diǎn èrshí fēn.

4) 我爸爸四十二岁[5]。 Wǒ bàba sìshíèr suì.

早速中国語で言ってみよう
① 今日は何曜日ですか。
② 明日は３月８日です。
③ 明後日は教師の日[6]です。

1 月 yuè 名 月
2 日 rì 名 日、話し言葉では “日” のかわりに “号 hào” を用いる
3 现在 xiànzài 名 現在、今
4 分 fēn 量 分
5 岁 suì 量 歳
6 教师节 Jiàoshījié 教師の日、9月10日

2 連動文

🔊060

主語	+	動詞(句)$_1$	+	動詞(句)$_2$
三浦		去孔文家		过节。
Sānpǔ		qù Kǒng Wén jiā		guòjié.
她		坐公交车		去孔文家。
Tā		zuò gōngjiāochē		qù Kǒng Wén jiā.

🔊061

1) 我去看电影。 Wǒ qù kàn diànyǐng.

2) 他去便利店买[7]咖啡。 Tā qù biànlìdiàn mǎi kāfēi.

3) 我打[8]电话[9]叫她。 Wǒ dǎ diànhuà jiào tā.

早速中国語で言ってみよう
① 父は料理を作りに行く（行って料理を作る）。
② 私はスーパーへ果物[10]を買いに行く（スーパーに行って、果物を買う）。
③ 私たちは地下鉄[11]で行きましょう。

7 买 mǎi 動 買う
8 打 dǎ 動 掛ける、する
9 电话 diànhuà 名 電話
10 水果 shuǐguǒ 名 果物
11 地铁 dìtiě 名 地下鉄

3 助動詞 “会”（1）——技能・能力

🔊062

主語	+	助動詞 “会”	+	動詞(句)
我爸爸		会		做红烧肉。
Wǒ bàba		huì		zuò hóngshāoròu.

🔊063

1) 小王会开车[12]。 Xiǎo-Wáng huì kāichē.

2) 你会包[13]饺子[14]吗？ Nǐ huì bāo jiǎozi ma?
—— 我不会。 —— Wǒ bú huì.

早速中国語で言ってみよう
① 三浦さんの友達は二胡[15]が弾け[16]ます。
② 母は車が運転できません。

12 开车 kāi//chē 動 車を運転する
13 包 bāo 動 包む
14 饺子 jiǎozi 名 餃子
15 二胡 èrhú 名 二胡
16 拉 lā 動 弾く

4 助動詞“想”

🔊 064

主語	+	助動詞“想”	+	動詞(句)
我 Wǒ		想 xiǎng		吃红烧肉。 chī hóngshāoròu.

1) 他想看电视。　Tā xiǎng kàn diànshì.

2) 你想开车去吗？　Nǐ xiǎng kāichē qù ma?

🔊 065

早速中国語で言ってみよう
① 北京[17]へ行きたいです。
② 夜は何が食べたいですか。

17 北京 Běijīng [名] 北京

5 動詞“在”

🔊 066

特定の人や事物	+	“在”	+	場所
我家 Wǒ jiā		在 zài		圆明园旁边。 Yuánmíngyuán pángbiān.

🔊 067

1) 三浦在北京。　Sānpǔ zài Běijīng.

2) 红烧肉在哪儿[18]？　Hóngshāoròu zài nǎr?

3) 他爸爸不在家。　Tā bàba bú zài jiā.

18 哪儿 nǎr [疑] どこ

早速中国語で言ってみよう
① 円明園は北京にあります。
② スーパーはどこですか。
③ 彼は今中国にいません。

6 親族名称

🔊 068

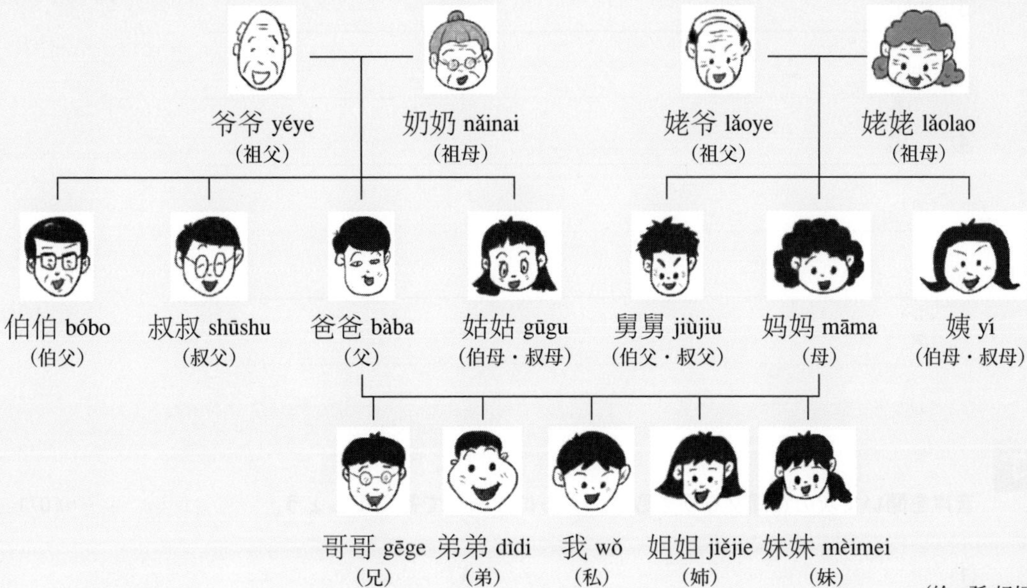

(絵：孫 好好)

“的”の省略

(1) “我/你/他”＋親族名称：	我爸爸 wǒ bàba	你弟弟 nǐ dìdi	他哥哥 tā gēge
(2) 構成員＋所属先：	我们大学[19] wǒmen dàxué	他们公司[20] tāmen gōngsī	我家 wǒ jiā

🔊 069

19 大学 dàxué [名] 大学
20 公司 gōngsī [名] 会社

TRAINING トレーニングコーナー

1

次のピンインに声調記号を付けて、発音してみましょう。 070

① Mingtian ni lai wo jia ba.

② Xiexie ni yaoqing wo.

③ Wo qu bianlidian mai shuiguo.

④ Tamen daxue zai Beijing.

⑤ Ni mama hui la erhu ma?

2

上の①～⑤を中国語の簡体字で書き、さらに日本語に訳しましょう。

① ____________________

［訳］

② ____________________

［訳］

③ ____________________

［訳］

④ ____________________

［訳］

⑤ ____________________

［訳］

3

音声を聞いて次の質問文を書き取り、さらに中国語で答えましょう。 071

① ____________________ ? ［答］____________________ 。

② ____________________ ? ［答］____________________ 。

③ ____________________ ? ［答］____________________ 。

④ ________________________ ? ［答］________________________ 。

⑤ ________________________ ? ［答］________________________ 。

4

次の絵について、［　］内の語句を使って語ってみましょう。

①

［十九岁］
我今年 ________________ 。

②

［在］
孔文家 ________________ 。

③

［去，买］
她 ____________________ 。

④

［会，说］
我 ____________ 汉语（Hànyǔ 中国語）。

COLUMN

スマホとサイフ

中国人、特に若者にはサイフを持たない人が多いです。日常の支払いはほとんどスマホを使った決済で済ませているからです。コンビニ、美容室、映画館、タクシー代などすべてスマホでOKです。タクシーはスマホのアプリを利用して呼び出します。街のレストランに入った時は、テーブルの上のQRコードを読み取って注文をすれば、自動的に支払いもできる仕組みになっています。昔は割り勘をしない中国人ということで知られていましたが、このシステムでは同席の人数に割った勘定が簡単にできるので、学生間では割り勘が普通になりました。

その影響で実際のお金の流通が激減したと言われています。学生街の食堂などでは、たまたま来合わせた外国人がサイフを出して支払おうとしても、店のレジには釣り銭が入っていなかったなんてことが起こっています。

現金が街から消えた影響はいろんなところに見られます。お寺の賽銭箱の上にも、公園にいる物乞いの缶の上にもQRコードが貼ってあります。正月に子どもたちがもらう親戚からのお年玉も今はみんなスマホからです。

LESSON 4

第 4 课 你真幽默。
Dì sì kè Nǐ zhēn yōumò.

ウォーミングアップ 丸ごと覚える表現
072

- 早上 （朝）
  zǎoshang
- 中午 （昼）
  zhōngwǔ
- 晚上 （夜）
  wǎnshang
- 欢迎欢迎。 （よくいらっしゃいました。）
  Huānyíng huānyíng.
- 叫我～吧。 （～と呼んでください。）
  Jiào wǒ ~ ba.
- 没法子 （しょうがない）
  méi fázi
- 太客气了。 （そんなに遠慮しなくて良いのに。）
  Tài kèqi le.

会話文
073

三浦：叔叔 好。
Sānpǔ Shūshu hǎo.

孔文爸：欢迎 欢迎。请 进。
Kǒng Wén bà Huānyíng huānyíng. Qǐng jìn.

孔文：这 是 我 表妹 —— 丁 宁。
Kǒng Wén Zhè shì wǒ biǎomèi Dīng Níng.

三浦：丁 宁？ 好 名字！
Sānpǔ Dīng Níng? Hǎo míngzi!

你 叫 我“法子”吧，“没 法子”的“法子”。
Nǐ jiào wǒ “Fǎzǐ” ba, “méi fázi” de “Fǎzǐ”.

丁宁：哈哈哈，你 真 幽默。
Dīng Níng Hāhāhā, nǐ zhēn yōumò.

孔文爸：法子，你 坐 一会儿，我 去 做饭。
Kǒng Wén bà Fǎzǐ, nǐ zuò yíhuìr, wǒ qù zuòfàn.

三浦：叔叔，这 是 月饼。我 的 一点儿 心意。
Sānpǔ Shūshu, zhè shì yuèbing. Wǒ de yìdiǎnr xīnyì.

孔文爸：你 太 客气 了，过 一会儿 咱们 一起 吃。
Kǒng Wén bà　Nǐ tài kèqi le, guò yíhuìr zánmen yìqǐ chī.

丁宁：法子，咱们 先 玩儿 一会儿 游戏 吧。
Dīng Níng　Fǎzǐ, zánmen xiān wánr yíhuìr yóuxì ba.

単語　074

- 真 zhēn 副 実に
- 幽默 yōumò 形 ユーモアがある
- 欢迎 huānyíng 動 歓迎する
- 进 jìn 動 入る
- 这 zhè 代 この、その
- 表妹 biǎomèi 名 従妹
- 法子 fǎzi 名 方法、手立て、話し言葉では fázi とも
- 哈 hā 感 ははは（笑い声）
- 一会儿 yíhuìr 数量 ちょっとの間、しばらく
- 饭 fàn 名 ご飯
- 月饼 yuèbing 名 月餅
- 一点儿 yìdiǎnr 数量 少し
- 心意 xīnyì 名 気持ち
- 客气 kèqi 形 礼儀正しい、遠慮深い
- 过 guò 動（時間が）経つ
- 先 xiān 副 先に、まず
- 玩儿 wánr 動 遊ぶ
- 游戏 yóuxì 名 ゲーム

POINT ポイント

1 指示詞“这・那・哪”、“这儿・那儿・哪儿”

075

近称	遠称	不定称（疑問詞）
这 zhè （これ、それ）	那 nà （それ、あれ）	哪 nǎ （どれ）
这儿 zhèr 这里 zhèli （ここ、そこ）	那儿 nàr 那里 nàli （そこ、あそこ）	哪儿 nǎr 哪里 nǎli （どこ）

这 是 我 表妹。
Zhè shì wǒ biǎomèi.

076

1) 这是他的手机[1]。 Zhè shì tā de shǒujī.
2) 那是小李的书[2]。 Nà shì Xiǎo-Lǐ de shū.
3) 我爸爸在那儿。 Wǒ bàba zài nàr.
4) 哪儿有水[3]？ Nǎr yǒu shuǐ?

1 手机 shǒujī [名] 携帯電話
2 书 shū [名] 書物、本
3 水 shuǐ [名] 水
4 机场 jīchǎng [名] 空港

早速中国語で言ってみよう
① これは何ですか。
② あそこは空港[4]です。
③ 李さんはどこにいますか。

✓ 指示詞を用いて人や事物を指し示すときは、一般に「指示詞（＋数詞）＋量詞＋名詞」の形となる。

5) 这两本[5]书是小李的。 Zhè liǎng běn shū shì Xiǎo-Lǐ de.
6) 那台电脑是我的。 Nà tái diànnǎo shì wǒ de.

5 本 běn [量] 冊

2 形容詞述語文

077

主語	＋ 副詞	＋ 形容詞
你 Nǐ	真 zhēn	幽默。 yōumò.
她弟弟 Tā dìdi	很 hěn	聪明[6]。 cōngming.
北京 Běijīng	非常[7] fēicháng	大[8]。 dà.

078

6 聪明 cōngming [形] 頭が良い、賢い
7 非常 fēicháng [副] 非常に
8 大 dà [形] 大きい、広い
⟷ 小 xiǎo [形] 小さい
9 忙 máng [形] 忙しい
10 苦 kǔ [形] 苦い
11 贵 guì [形]（値段が）高い
12 有意思 yǒu yìsi 面白い
13 近 jìn [形] 近い
14 好吃 hǎochī [形] 美味しい
好喝 hǎohē [形]（飲み物が）美味しい

✓ “很” は軽く発音されるとき、程度強調の働きはない。

1) 下午很忙[9]。 Xiàwǔ hěn máng.
2) 咖啡不苦[10]。 Kāfēi bù kǔ.
3) 这个超市的水果非常贵[11]。 Zhè ge chāoshì de shuǐguǒ fēicháng guì.

早速中国語で言ってみよう
① この本はおもしろい[12]。
② コンビニは近い[13]。
③ 肉の醤油煮込みは非常に美味しい[14]。

3 “一会儿”

079

動詞	+	“一会儿”（ほんのしばらく、ちょっとの間）
坐		一会儿
zuò		yíhuìr

1) 你先坐一会儿。　Nǐ xiān zuò yíhuìr.
2) 我去那儿玩儿一会儿。　Wǒ qù nàr wánr yíhuìr.
3) 你们看一会儿书吧。　Nǐmen kàn yíhuìr shū ba.

第 6 課ポイント 6 参照。

早速中国語で言ってみよう
① しばらくお待ちください。
②（私は）少しテレビを見ます。
③ ちょっと休[15]みましょう。

080

15 休息 xiūxi 動 休憩、休む

4 “一点儿”

081

“一点儿”（少し、少しの）	+	名詞
一点儿		心意
yìdiǎnr		xīnyì

1) 这是我的一点儿心意。　Zhè shì wǒ de yìdiǎnr xīnyì.
2) 我去买（一）点儿礼物[16]。　Wǒ qù mǎi (yì)diǎnr lǐwù.
3) 咱们吃（一）点儿巧克力[17]吧。　Zánmen chī (yì)diǎnr qiǎokèlì ba.

082

16 礼物 lǐwù 名 プレゼント
17 巧克力 qiǎokèlì 名 チョコレート
18 点心 diǎnxin 名 お菓子

早速中国語で言ってみよう
①（これは）ちょっとしたお菓子[18]です。
② 少し砂糖を入れる。
③ ちょっと果物を買いましょう。

TRAINING トレーニングコーナー

1

次のピンインに声調記号を付けて、発音してみましょう。 083

① Ni jiao wo “Wenwen” ba.

② Ta zhen you yisi.

③ Zhe shi wo didi de shouji.

④ Ni tai keqi le.

⑤ Zanmen xian chi yidianr qiaokeli ba.

2

上の①～⑤を中国語の簡体字で書き、さらに日本語に訳しましょう。

① ______________________________

［訳］..............................

② ______________________________

［訳］..............................

③ ______________________________

［訳］..............................

④ ______________________________

［訳］..............................

⑤ ______________________________

［訳］..............................

3

音声を聞いて次の質問文を書き取り、さらに中国語で答えましょう。 084

① ____________________？ ［答］____________________。

② ____________________？ ［答］____________________。

③ ____________________？ ［答］____________________。

④ ______________________? [答] ______________________。

⑤ ______________________? [答] ______________________。

4

次の絵について、[　] 内の語句を使って語ってみましょう。

①

[这]

______________ 手机。

②

[大]

苹果（píngguǒ リンゴ）__________。

③

[一点儿]

加 ______________。

④

[一会儿]

我 ______________。

COLUMN

暦　中秋の名月「中秋節」

旧暦 8 月 15 日の月を中秋の名月と呼んで愛でる習慣は、アジア文化圏全体に広く存在しています。中国でもこの文化はしっかり継承されています。ふだんは PC ゲームやスマホの操作に余念がない若者の中にも、この日の夜は近くの川辺に出て、空に浮かぶ月の美しさに見惚れている者が多くいます。大学のキャンパスでも友人、または恋人同士が手をつないで夜空を見上げている微笑ましい光景をよく見かけます。

また、中国菓子として有名な「月餅」は、この日を祝って中国人がそれぞれの家庭で手作りしたのがそもそもの始まりで、その習慣は今も広く残っています。今は街の商店にも小豆餡を入れたものをはじめ、ハスの実、ナツメ、クルミ、ゴマなどさまざまなものが入った月餅が売られています。中秋節の前は中国人同士で月餅を送り合うのも毎年の恒例で、大学の留学生がクラスメートたちからたくさんもらって、中秋節前後は毎日毎日月餅を食べて過ごしたなんていうのも中国版あるあるの一つです。

LESSON 5　第5课 Dì wǔ kè

国庆节放七天假。
Guóqìngjié fàng qī tiān jià.

ウォーミングアップ　丸ごと覚える表現　085

- 春节（旧暦1月1日）
  Chūnjié
- 端午节（旧暦5月5日）
  Duānwǔjié
- 七夕节（旧暦7月7日）
  Qīxījié
- 中秋节（旧暦8月15日）
  Zhōngqiūjié
- 国庆节（10月1日）
  Guóqìngjié
- 元旦（1月1日）
  Yuándàn
- 打车去。（タクシーで行く。）
  Dǎchē qù.
- 好主意。（良いアイディアですね。）
  Hǎo zhúyi.

会話文　086

孔文：国庆节 放 七 天 假，你 想 去 哪儿 玩儿？
Kǒng Wén　Guóqìngjié fàng qī tiān jià, nǐ xiǎng qù nǎr wánr?

三浦：我 想 去 爬 长城。
Sānpǔ　Wǒ xiǎng qù pá Chángchéng.

我 还 没 爬过 长城 呢。
Wǒ hái méi pá guo Chángchéng ne.

孔文：你 知道 怎么 走 吗？
Kǒng Wén　Nǐ zhīdao zěnme zǒu ma?

三浦：不太 清楚，我 打算 打车 去。
Sānpǔ　Bútài qīngchu, wǒ dǎsuan dǎchē qù.

孔文：路 很 远，打 车 很 贵。
Kǒng Wén　Lù hěn yuǎn, dǎ chē hěn guì.

三浦：好像 没有 直达 的 公交车。
Sānpǔ　Hǎoxiàng méiyǒu zhídá de gōngjiāochē.

孔文：国庆节 我 不 在 北京。
Kǒng Wén　Guóqìngjié wǒ bú zài Běijīng.

要不 你 和 丁 宁 一起 去 吧，
Yàobù nǐ hé Dīng Níng yìqǐ qù ba,

她 很 喜欢 玩儿。
tā hěn xǐhuan wánr.

三浦：好 主意。我 发 个 短信 问问 她。
Sānpǔ Hǎo zhúyi. Wǒ fā ge duǎnxìn wènwen tā.

単語 087

- 国庆节 Guóqìngjié 名 国慶節
- 放假 fàng//jià 動 休みになる
- 天 tiān 量 日
- 爬 pá 動 登る
- 长城 Chángchéng 名 万里の長城
- 还 hái 副 まだ
- 过 guo 助 〜したことがある
- 呢 ne 助 語気助詞（事実を相手に確認させる）
- 知道 zhīdao 動 知っている
- 怎么 zěnme 疑 どう、どのように
- 走 zǒu 動 歩く、行く
- 不太 bútài あまり〜ではない
- 清楚 qīngchu 形 はっきりしている
- 打算 dǎsuan 動 〜するつもりだ
- 打车 dǎ//chē 動 タクシーに乗る
- 路 lù 名 道
- 远 yuǎn 形 遠い
- 好像 hǎoxiàng 副 まるで〜のようだ、〜のような気がする
- 直达 zhídá 助 直通する
- 要不 yàobù 続 なんなら
- 和 hé 前置 〜と（一緒に）
- 喜欢 xǐhuan 動 好きである
- 主意 zhǔyi 名 考え、話し言葉では zhúyi とも
- 发 fā 動 送る
- 短信 duǎnxìn 名 ショートメッセージ
- 问 wèn 動 尋ねる、聞く

POINT ポイント

1 離合動詞

088

	離合動詞
国庆节	放[七天]假。
Guóqìng Jié	fàng [qī tiān] jià.

放[几天]假	打[三天]工[1]	
跑[一会儿]步[2]	散[一会儿]步[3]	游[一会儿]泳[4]
睡[个]觉	洗[个]澡[5]	帮[个]忙[6]

1) 我去洗个澡。 Wǒ qù xǐ ge zǎo.

2) 我去游一会儿泳。 Wǒ qù yóu yíhuìr yǒng.

3) 我周末[7]打两天工。 Wǒ zhōumò dǎ liǎng tiān gōng.

早速中国語で言ってみよう

① ちょっと散歩してくる。("个")

② 少しジョギングしてくる。("一会儿")

③ 元日は1日休む。("一天")

089

1 打工 dǎ//gōng 動 アルバイトをする
2 跑步 pǎo//bù 名 駆け足をする。ジョギングする
3 散步 sàn//bù 動 散歩する
4 游泳 yóu//yǒng 動 泳ぐ
5 洗澡 xǐ//zǎo 動 入浴する
6 帮忙 bāng//máng 動 手伝う
7 周末 zhōumò 名 週末

2 経験相"～过"

090

	動詞	+ "过"	
他没	爬	过	长城。
Tā méi	pá	guo	Chángchéng.

1) 我妹妹去过上海[8]。 Wǒ mèimei qù guo Shànghǎi.

2) 她写[9]过小说[10]。 Tā xiě guo xiǎoshuō.

3) 她弟弟还没吃过北京烤鸭[11]。 Tā dìdi hái méi chī guo běijīng kǎoyā.

早速中国語で言ってみよう

① (私は) アメリカ[12]へ行ったことがあります。

② (私は) 中国映画を見たことがあります。

③ おじいさんはゲームで遊んだことはありません。

091

8 上海 Shànghǎi 名 上海
9 写 xiě 動 書く
10 小说 xiǎoshuō 名 小説
11 北京烤鸭 běijīng kǎoyā 名 北京ダック
12 美国 Měiguó 名 アメリカ合衆国

3 連体修飾の"的"

092

	動詞・形容詞	+ "的"	+ 名詞
爸爸 bàba	做 zuò	的 de	红烧肉 hóngshāoròu
她 tā	买 mǎi	的 de	书 shū
	干净[13] gānjìng	的 de	房间[14] fángjiān
水果 shuǐguǒ	便宜[15] piányi	的 de	超市 chāoshì

093

13 干净 gānjìng 形 綺麗である。清潔である
14 房间 fángjiān 名 部屋
15 便宜 piányi 形 安い

早速中国語で言ってみよう ① これは私の母が作った料理です。
② 車を運転している人[16]は私の友人です。
③ 近くに安いホテル[17]はありますか。

16 人 rén 名 人間、人
17 宾馆 bīnguǎn 名 ホテル

4 "喜欢"の助動詞的用法

094

	"喜欢" +	動詞(句)
丁宁	喜欢	玩儿。
Dīng Níng	xǐhuan	wánr.

095

1) 爷爷喜欢吃饺子。 Yéye xǐhuan chī jiǎozi
2) 你弟弟喜欢打棒球[18]吗? Nǐ dìdi xǐhuan dǎ bàngqiú ma?
3) 我爸爸不喜欢抽烟[19]。 Wǒ bàba bù xǐhuan chōuyān.

18 棒球 bàngqiú 名 野球
19 抽烟 chōu//yān 動 喫煙する

早速中国語で言ってみよう ① 私はアイスクリーム（を食べるの）が好きです。
② あなたは何（を飲むの）が好きですか。
③ 妹はコーヒーが好きではありません。

5 動詞の重ね型

096

単音節動詞 A→AA	问 → 问问 wèn wènwen
	看 → 看看 kàn kànkan
	说 → 说说 shuō shuōshuo
二音節動詞 AB→ABAB	考虑[20] → 考虑考虑 kǎolǜ kǎolǜkǎolǜ
	休息 → 休息休息 xiūxi xiūxixiūxi
* 離合動詞 AB→AAB	游泳 → 游游泳 yóuyǒng yóuyóuyǒng
	跑步 → 跑跑步 pǎobù pǎopǎobù

097

1) 我尝尝[21]。 Wǒ chángchang.
2) 你猜猜[22]他是谁? Nǐ cāicai tā shì shéi?

20 考虑 kǎolǜ 動 考える
21 尝 cháng 動 味わう
22 猜 cāi 動 当てる

早速中国語で言ってみよう ① ちょっと見てみます。
② ちょっと休憩しましょう。

TRAINING トレーニングコーナー

1

次のピンインに声調記号を付けて、発音してみましょう。 098

① Ni hai mei pa guo Changcheng ma?

② Wo fa ge duanxin wenwen ta.

③ Zanmen pao yihuir bu ba.

④ Ni kan guo Zhongguo dianying ma?

⑤ Ta xihuan chi shenme?

2

上の①～⑤を中国語の簡体字で書き、さらに日本語に訳しましょう。

① ______________________________

［訳］______________________________

② ______________________________

［訳］______________________________

③ ______________________________

［訳］______________________________

④ ______________________________

［訳］______________________________

⑤ ______________________________

［訳］______________________________

3

音声を聞いて次の質問文を書き取り、さらに中国語で答えましょう。 099

① ____________________？　［答］____________________。

② ____________________？　［答］____________________。

③ ____________________？　［答］____________________。

④ ________________________？ [答] ________________________。

⑤ ________________________？ [答] ________________________。

4

次の絵について、［ ］内の語句を使って語ってみましょう。

①

[喜欢]

________ 乒乓球（pīngpāngqiú 卓球）。

②

[尝]

我 ________ 这个点心。

③

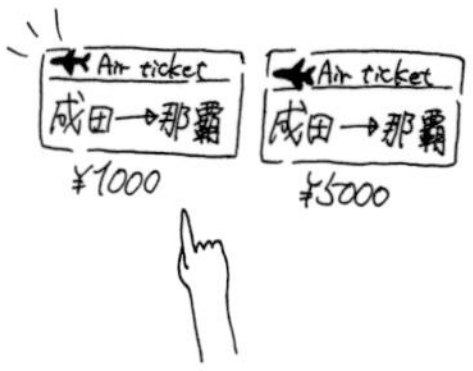

[便宜]

她想 ________ 机票（jīpiào 航空券）。

④

[爸爸，做]

这是 ________________。

COLUMN

一人っ子政策（1）

「一人っ子政策」は世界的に有名な中国の人口政策です。1980 年頃、将来の食料不足をもたらす人口爆発を懸念した政府によって実施され、最近まで三十数年にわたって続きました。少数民族や跡継ぎを必要とする農村部などごく一部の例外を除いて、特に都市部では厳格に徹底されました。そのため、学校の教室にいる生徒は全員一人っ子という光景がふつうに見られました。

一人っ子が成長して結婚すると、その相手も一人っ子。生まれる子どもも一人っ子ということで、一人の子どもを両親二人、祖父母が四人でかわいがるのが一般的な家庭モデルになりました（1-2-4 体制）。そういう中で育てられた子どもは小さい頃から欲しいものは何でも手に入るのが当たり前で、大家族の中で我慢強く育てられた時代とは正反対な、わがままな子どもが増えてきたと嘆く中国人もいます。また、そういう何不自由なく育てられた子どもたちは、男の子は“小皇帝 Xiǎo huángdì”、女の子は“小公主 Xiǎo gōngzhǔ”と呼ばれたりしたこともありました。

LESSON 6

第 6 课 咱们 坐 缆车 上去 还是 爬 上去?

Dì liù kè Zánmen zuò lǎnchē shàngqu háishi pá shangqu?

ウォーミングアップ 丸ごと覚える表現

🔊100

- 多长时间 (どれぐらい(の時間))
  duō cháng shíjiān
- 信心十足 (自信満々)
  xìnxīn shízú
- 你放心。 (安心してください。)
  Nǐ fàngxīn.
- 我请客。 (私がおごります。)
  Wǒ qǐngkè.

会話文

🔊101

丁宁: 咱们 坐 缆车 上去 还是 爬 上去?
Dīng Níng Zánmen zuò lǎnchē shàngqu háishi pá shangqu?

三浦: 爬 上去 要 多 长 时间?
Sānpǔ Pá shàngqu yào duō cháng shíjiān?

丁宁: 体力 好 的话, 差不多 要 三个 小时。
Dīng Níng Tǐlì hǎo dehuà, chàbuduō yào sān ge xiǎoshí.

三浦: 那 我们 挑战 一下, 自己 爬 上去 吧。
Sānpǔ Nà wǒmen tiǎozhàn yíxià, zìjǐ pá shangqu ba.

丁宁: 你 行 吗?
Dīng Níng Nǐ xíng ma?

三浦: 你 放心, 我 跑 了 两个 星期 步, 体力 很 好。
Sānpǔ Nǐ fàngxīn, wǒ pǎo le liǎng ge xīngqī bù, tǐlì hěn hǎo.

丁宁: 信心 十足 啊! 好, 咱们 试试。
Dīng Níng Xìnxīn shízú a! Hǎo, zánmen shìshi.

三浦: 晚上 的 北京 烤鸭 我 请客。
Sānpǔ wǎnshang de běijīng kǎoyā wǒ qǐngkè.

単語　102

- 缆车 lǎnchē 名 ケーブルカー
- 上 shàng 動 上がる、登る
- 还是 háishi 接続 それとも
- 要 yào 動 要る、要する
- 多 duō 疑 どれだけ、どれほど、形 多い
- 长 cháng 形 長い
- 体力 tǐlì 名 体力
- 的话 dehuà 助 〜ということなら
- 差不多 chàbuduō 副 ほとんど、だいたい
- 小时 xiǎoshí 名（時の経過を数える単位）時間
- 挑战 tiǎozhàn 動 挑戦する
- 下 xià 量 動作の回数を表す
- 一下 yíxià 数量 ちょっと（〜する、〜してみる）
- 自己 zìjǐ 代 自分
- 行 xíng 動 よろしい、大丈夫だ
- 放心 fàngxīn 動 安心する
- 了 le 助 動作・変化の完了を表す
- 信心 xìnxīn 名 自信
- 十足 shízú 形 十分である、満ち満ちている
- 试 shì 動 試みる、試す
- 请客 qǐng//kè 動 おごる

POINT ポイント

1 方向動詞・方向補語

🔊 103

	进 jìn （入る）	出 chū （出る）	上 shàng （上る）	下 xià （下る）	回 huí （返る）	过 guò （超える）	起 qǐ （上がる）
来 lái	进来 jìnlai	出来 chūlai	上来 shànglai	下来 xiàlai	回来 huílai	过来 guòlai	起来 qǐlai
去 qù	进去 jìnqu	出去 chūqu	上去 shàngqu	下去 xiàqu	回去 huíqu	过去 guòqu	—

🔊 104

1）咱们上二楼[1]吧。 Zánmen shàng èr lóu ba.

2）请站[2]起来回答[3]。 Qǐng zhàn qilai huídá.

3）小李买来两杯咖啡。 Xiǎo-Lǐ mǎi lai liǎng bēi kāfēi.

4）小猫[4]走进房间来。（×走进来房间） Xiǎo māo zǒu jìn fángjiān lai.

1 楼 lóu 名 建物の階
2 站 zhàn 動 立つ
3 回答 huídá 動 答える
4 猫 māo 名 猫
5 盒 hé 量 箱
6 拿 ná 動 持つ、運ぶ

早速中国語で言ってみよう
① ケーブルカーで降りていきましょう。
② 三浦さんは月餅をひと箱[5]持[6]ってきた。
③ 先生が（歩きながら）部屋へ戻ってきた。

2 選択疑問文の“还是”

🔊 105

	動詞（句）$_1$	+	“还是”	+	動詞（句）$_2$	（×还是～吗？）
咱们 Zánmen	（是）坐缆车上去 (shì)zuò lǎnchē shàngqu		还是 háishi		爬上去？ pá shangqu?	

1）你喝红茶还是喝绿茶？ Nǐ hē hóngchá háishi hē lǜchá?

2）你坐公交车去还是打车去？ Nǐ zuò gōngjiāochē qù háishi dǎchē qù?

3）他是日本人还是中国人？ Tā shì Rìběnrén háishi Zhōngguórén?
（×他是日本人还是是中国人？ 同音衝突回避）

🔊 106

7 拉面 lāmiàn 名 ラーメン
8 荞麦面 qiáomàimiàn 名 そば

早速中国語で言ってみよう
① 紅茶を飲みますか、それとも水を飲みますか。
② テレビを見ますか、それともゲームで遊びますか。
③ ラーメン[7]を食べますか、それともそば[8]を食べますか。

3 仮定表現“～的话”

🔊 107

仮定の状況	+	“的话”	
体力好 Tǐlì hǎo		的话， dehuà,	要三个小时。 yào sān ge xiǎoshí.

🔊 108

1）开车去的话，要两天。 Kāichē qù dehuà, yào liǎng tiān.

2）知道的话，请告诉[9]我。 Zhīdao dehuà, qǐng gàosu wǒ.

9 告诉 gàosu 動 知らせる

早速中国語で言ってみよう
① バスに乗るなら、とても安い。
② おいしいなら、私も食べたい。

4 “一下”

🔊109

	動詞	+ “一下”
我们	挑战	一下。
Wǒmen	tiǎozhàn	yíxià.

🔊110

1) 我们复习[10]一下今天的内容[11]。 Wǒmen fùxí yíxià jīntiān de nèiróng.
2) 我去一下洗手间[12]。 Wǒ qù yíxià xǐshǒujiān.
3) 请打扫[13]一下房间。 Qǐng dǎsǎo yíxià fángjiān.

10 复习 fùxí 動 復習する
11 内容 nèiróng 名 内容
12 洗手间 xǐshǒujiān 名 トイレ
13 打扫 dǎsǎo 動 掃除する
14 新闻 xīnwén 名 ニュース
15 听 tīng 動 聞く

早速中国語で言ってみよう
① ちょっとニュース[14]を聞く[15]。
② ちょっと考えます。
③ ちょっと待ってください。

5 動詞接尾辞“了”——動作・変化の完了

🔊111

	動詞	+ ～“了”	（＋数量表現）
我	跑	了	两个星期步。
Wǒ	pǎo	le	liǎng ge xīngqī bù.

🔊112

1) 昨天下[16]了一场[17]雨[18]。 Zuótiān xià le yì cháng yǔ.
2) 弟弟喝了两瓶[19]可乐[20]。 Dìdi hēle liǎng píng kělè.
3) 哥哥胖[21]了三公斤[22]。 Gēge pàng le sān gōngjīn.

16 下 xià 動 降る
17 场 cháng 回、ひとしきり
18 雨 yǔ 名 雨
19 瓶 píng 量 本
20 可乐 kělè 名 コーラ
21 胖 pàng 動 太る、太っている
22 公斤 gōngjīn 形 キログラム
23 啤酒 píjiǔ 名 ビール
24 公里 gōnglǐ 量 キロメートル
25 跑 pǎo 動 走る、駆ける
26 包子 bāozi 名（中華）饅頭

早速中国語で言ってみよう
① 彼はビール[23]を三本飲んだ。
② 妹は 10 キロメートル[24]走った[25]。
③ 彼は饅頭[26]を 5 個食べた。

6 時間幅の表現

🔊113

七天	一个星期	两个月	三年
qī tiān	yí ge xīngqī	liǎng ge yuè	sān nián
十分钟[27]	五个小时		
shí fēnzhōng	wǔ ge xiǎoshí		

	動詞	+ 時間幅の表現（動作・変化の持続時間）
咱们	休息	五分钟。
Zánmen	xiūxi	wǔ fēnzhōng.

🔊114

27 钟 zhōng 名 時間を表す

1) 我学[28]了两年汉语。 Wǒ xué le liǎng nián Hànyǔ.
2) 爸爸打了一个小时电话。 Bàba dǎ le yí ge xiǎoshí diànhuà.

28 学 xué 動 学ぶ、習う

早速中国語で言ってみよう
① おじいさんは 60 年間車を運転していた。
② 丁寧さんは 30 分間ゲームで遊んでいた。

TRAINING トレーニングコーナー

1

次のピンインに声調記号を付けて、発音してみましょう。 115

① Qu Beijing yao duo chang shijian?

② Xiao-Wang na lai liang ben shu.

③ Ni chi lamian haishi he pijiu?

④ Qing dasao yixia fangjian.

⑤ Mingtian de kaoya wo qingke.

2

上の①～⑤を中国語の簡体字で書き、さらに日本語に訳しましょう。

① ______________________

［訳］......................

② ______________________

［訳］......................

③ ______________________

［訳］......................

④ ______________________

［訳］......................

⑤ ______________________

［訳］......................

3

音声を聞いて次の質問文を書き取り、さらに中国語で答えましょう。 116

① ______________ ?　［答］______________ 。

② ______________ ?　［答］______________ 。

③ ______________ ?　［答］______________ 。

④ ______________________ ？ ［答］______________________ 。

⑤ ______________________ ？ ［答］______________________ 。

4

次の絵について、［　］内の語句を使って語ってみましょう。

①

［下］
请你 ______________________ 。

②

［进］
请你 ______________________ 。

③

［一下］
我们 ______________________ 。

④

［了］
她 ________ 红酒（hóngjiǔ 赤ワイン）。

COLUMN

一人っ子政策（2）

　午後３時頃、都会の小学校の門前は下校の子どもを待つ親や祖父母の群れでごったがえしています。誘拐などの事故を恐れて、中国では子どもの登下校には大人が付き添うのが原則なのです。中には親に依頼された塾の先生が必死になって教え子を探している姿もあります。

　子どもたちも小さい頃から大忙しです。通常の学習塾だけではなく、ピアノ、英会話、水泳、バレエ、書道などいろんな習い事をすることが多いからです。一週間、毎日何かしらの教室に通う子どももそれほど珍しいことではありません。親の中には、むかし自分が叶えられなかった夢をわが子に託すケースも多いようです。

　そのため子どもの教育費は爆発的に高騰してしまいました。少子高齢化が国を衰弱させることを心配した政府は、2016年に一人っ子政策を廃止して二人っ子を許可しました。そして、最近は三人まで子供を産むことを認めましたが、政府の思惑に反して弟妹を産もうと思う親は少ないようです。子育ての多大な負担に、もうこれ以上子どもを持つのは無理だと思う親が多いからです。

LESSON 7 第 7 课 Dì qī kè　终于 爬 上来 了！

Zhōngyú pá shanglai le!

ウォーミングアップ　丸ごと覚える表現　117

- 请看这儿。（ここを見てください。）
  Qǐng kàn zhèr.
- 不错，不错。（悪くない）
  Búcuò, búcuò.
- 一、二、三、茄子！（1、2、3、チーズ！）
  Yī、èr、sān、qiézi!
- 春天（春）、夏天（夏）、秋天（秋）、冬天（冬）
  chūntiān　xiàtiān　qiūtiān　dōngtiān

会話文　118

三浦（Sānpǔ）：终于 爬 上来 了。
Zhōngyú pá shanglai le.

这里 太 美 了！
Zhèli tài měi le!

丁宁（Dīng Níng）：秋天 是 北京 最 美 的 季节，不过 特别 短。
Qiūtiān shì Běijīng zuì měi de jìjié, búguò tèbié duǎn.

三浦（Sānpǔ）：欸，他们 在 那儿 干 什么 呢？
Éi, tāmen zài nàr gàn shénme ne?

丁宁（Dīng Níng）：好像 在 拍 电影 吧？
Hǎoxiàng zài pāi diànyǐng ba?

三浦（Sānpǔ）：从 上面 往下 拍 一定 会 特别 漂亮。
Cóng shàngmiàn wǎngxià pāi yídìng huì tèbié piàoliang.

丁宁（Dīng Níng）：咱们 也 拍 张 合影 吧。（人に依頼する）
Zánmen yě pāi zhāng héyǐng ba.

游客（yóukè）：请 看 这儿。一、二、三、茄子！
Qǐng kàn zhèr. Yī、èr、sān、qiézi!

三浦（Sānpǔ）：谢谢 您。
Xièxie nín.

丁宁（Dīng Níng）：（写真を見て）不错 不错！
Búcuò búcuò!

単語 119

- 终于 zhōngyú 副 ついに
- 了 le 助 語気助詞
  (状況の変化や新しい事態の発生を表す)
- 美 měi 形 美しい
- 最 zuì 副 最も
- 季节 jìjié 名 季節
- 不过 búguò 接続 ただし、ただ
- 特别 tèbié 副 特別に
- 短 duǎn 形 短い
- 欸 éi 感 おや
- 在 zài 前置 ～で、～に　副 ～している
- 干 gàn 動 する、やる
- 呢 ne 助 語気助詞(答えを催促するときに用いる)
- 拍 pāi 動 (写真を) 撮る、(映画を) 撮影する
  ←→ 拍照 pāi//zhào 動 写真を撮る
- 吧 ba 助 でしょう
- 从 cóng 前置 ～から
- 上面 shàngmiàn 名 上の方
- 往 wǎng 前置 ～の方へ
- 下 xià 名 下の方
- 会 huì 助動 ～するであろう
- 漂亮 piàoliang 形 きれいである、見事である
- 张 zhāng 量 枚、脚
- 合影 héyǐng 名 2人以上の人が一緒に写っている写真
- 游客 yóukè 名 観光客
- 茄子 qiézi 名 茄子
- 不错 búcuò 形 良い、悪くない

POINT ポイント

1 | 文末助詞 "了"——変化

120

動詞句など	+ 文末助詞 "了"
终于爬上来	了。
Zhōngyú pá shanglai	le.

121

1) 下雨了。 Xià yǔ le.

2) 小李去图书馆[1]了。 Xiǎo-Lǐ qù túshūguǎn le.

3) 弟弟一米[2]八了。 Dìdi yì mǐ bā le.

- 1 图书馆 túshūguǎn 名 図書館
- 2 米 mǐ 量 メートル
- 3 雪 xuě 名 雪
- 4 到 dào 動 着く、達する

早速中国語で言ってみよう

① 雪[3]が降ってきた。
② 私たちは北京に着いた[4]。
③ 妹は 12 歳になった。

2 | 前置詞 "在"

122

	"在"	+ 場所詞	動詞(句)
他们	在	那儿	拍电影。
Tāmen	zài	nàr	pāi diànyǐng.

123

1) 小王的姐姐在美国工作[5]。 Xiǎo-Wáng de jiějie zài Měiguó gōngzuò.

2) 她中午不在食堂[6]吃饭。 Tā zhōngwǔ bú zài shítáng chīfàn.

- 5 工作 gōngzuò 動 働く、仕事をする
- 6 食堂 shítáng 名 食堂
- 7 教室 jiàoshì 名 教室
- 8 咖啡馆 kāfēiguǎn 喫茶店
- 9 聊天儿 liáo//tiānr 動 世間話をする

早速中国語で言ってみよう

① 田中さんは教室[7]で勉強している。
② 彼らは喫茶店[8]でおしゃべり[9]している。

3 | 副詞 "在"

124

	"在"	+ 動詞(句)
他们	在	拍电影。
Tāmen	zài	pāi diànyǐng.

1) 妈妈在看电视。 Māma zài kàn diànshì.

2) 你在干什么? Nǐ zài gàn shénme?

—— 我在听音乐[10]。 —— Wǒ zài tīng yīnyuè.

125

- 10 音乐 yīnyuè 名 音楽

早速中国語で言ってみよう

① 弟は寝ている。
② 李さんは電話をかけている。

4 前置詞“从”

126

前置詞“从”	+	場所詞など	+	動詞(句)
从		上面		往下拍。
cóng		shàngmian		wǎngxià pāi.

127

1) 他姐姐昨天从上海回来了。 Tā jiějie zuótiān cóng Shànghǎi huílai le.

2) 他是从香港[11]来的老师。 Tā shì cóng Xiānggǎng lái de lǎoshī.

11 香港 Xiānggǎng 名 香港

早速中国語で言ってみよう
① 妹は2階から降りてきた。
② 三浦さんは日本から来た留学生です。

5 語気助詞“吧”(2)——推測・確認

128

好像	是	在	拍电影	吧？
Hǎoxiàng	shì	zài	pāi diànyǐng	ba?

129

1) 他是韩国[12]留学生吧？ Tā shì Hánguó liúxuéshēng ba?

2) 明天不上课[13]吧？ Míngtiān bú shàngkè ba?

12 韩国 Hánguó 名 韓国
13 上课 shàngkè 動 授業に出る、授業をする
14 毛衣 máoyī 名 セーター
15 东北 dōngběi 東北
16 冷 lěng 形 寒い

早速中国語で言ってみよう
① これはあなたのセーター[14]でしょう。
② 東北[15]の冬は寒い[16]でしょう。

6 助動詞“会”(2)——推測・可能性

130

	助動詞“会”	+	動詞(句)
他一定	会		来。
Tā yídìng	huì		lái.

131

1) 听说[17]傍晚[18]会下雨。 Tīngshuō bàngwǎn huì xià yǔ.

2) 他不会迷路[19]吧？ Tā bú huì mílù ba?

17 听说 tīngshuō 動 聞くところによると〜だそうだ
18 傍晚 bàngwǎn 名 夕方
19 迷路 mí//lù 動 道に迷う

早速中国語で言ってみよう
① 明日孔さんが来るはずです。
② 彼は来年中国へ行く可能性がありますか。

TRAINING トレーニングコーナー

1

次のピンインに声調記号を付けて、発音してみましょう。 132

① Qiutian shi Beijing zui mei de jijie.

② Wo mama sishi sui le.

③ Ding Ning zai gan shenme? Ta zai he kafei.

④ Jintian xiawu bu shangke ba?

⑤ Tingshuo mingtian hui xiaxue.

2

上の①～⑤を中国語の簡体字で書き、さらに日本語に訳しましょう。

① ______________________________

［訳］

② ______________________________

［訳］

③ ______________________________

［訳］

④ ______________________________

［訳］

⑤ ______________________________

［訳］

3

音声を聞いて次の質問文を書き取り、さらに中国語で答えましょう。 133

① ____________________？ ［答］____________________。

② ____________________？ ［答］____________________。

③ ____________________？ ［答］____________________。

④ ________________________？ ［答］________________________。

⑤ ________________________？ ［答］________________________。

4

次の絵について、［　］内の語句を使って語ってみましょう。

①

［了］
我今天 ________________。

②

［在］
他 ____________________。

③

［在］
他 ____________________。

④

［会，吧］
下午 __________________？

COLUMN

若者の恋愛・結婚事情

最近は中国でも結婚年齢がどんどん上昇していて、男女ともに20代の後半、30歳近くになっています。そもそもこの国では中学、高校時代は「恋愛禁止」が一般的。校内でカップルができたら、担当の先生に叱責されて家庭に連絡されてしまうほどです。それは高校3年で受験する「高考」（6月に行われる全国統一大学入試）にむけてひたすら勉強する必要があるからです。

それが晴れて大学に入れば恋愛は解禁。それどころか、今度は親戚中からはやくいい相手を見つけろとプレッシャーをかけられて辛いと嘆く学生もいます。しかし、幼い頃からの恋愛体験が不足しているので、大学生になっても恋愛ごとには消極的な若者も多いのです。特に男性は、結婚時に住宅と車を用意することが必要といわれているお国柄のため、最初から尻込みする傾向が見られます。日本同様恋愛事に興味を持たない「草食系」の若者が増えていますが、中国にはさらにその上、そもそも結婚する気がない「仏系」男性まで出てきています。

LESSON 8

第 8 课
Dì bā kè

"双十一"比平时便宜。
"Shuāng shíyī" bǐ píngshí piányi.

ウォーミングアップ 丸ごと覚える表現 134

- 多少钱 (いくら)
  duōshao qián
- 打八折 (20%引き)
  dǎ bā zhé
- 你看 (ほら)
  nǐ kàn
- 乱花钱 (お金を無駄使いする)
  luàn huā qián

会話文 135

孔文 Kǒng Wén：三浦，"双十一"你买东西了吗？
Sānpǔ, "Shuāng shíyī" nǐ mǎi dōngxi le ma?

三浦 Sānpǔ：你看，我买了副蓝牙耳机。
Nǐ kàn, wǒ mǎi le fù lányá ěrjī.

孔文 Kǒng Wén：真漂亮。不便宜吧？
Zhēn piàoliang. Bù piányi ba?

三浦 Sānpǔ：打八折，便宜了三十块。
Dǎ bā zhé, piányi le sānshí kuài.

你也买什么了吗？
Nǐ yě mǎi shénme le ma?

孔文 Kǒng Wén：我给丁宁买了两盒面膜，一共四十块。
Wǒ gěi Dīng Níng mǎi le liǎng hé miànmó, yígòng sìshí kuài.

三浦 Sānpǔ：不错不错。"双十一"的确比平时便宜。
Búcuò búcuò. "Shuāng shíyī" díquè bǐ píngshí piányi.

孔文 Kǒng Wén：嗯，我还给我妈买了盒抹茶点心。
Ǹg, wǒ hái gěi wǒ mā mǎi le hé mǒchá diǎnxin.

三浦 Sānpǔ：那她一定会说："你又乱花钱了"。
Nà tā yídìng huì shuō: "Nǐ yòu luàn huā qián le".

単語 136

- 双十一 Shuāng shíyī 11月11日、独身の日
- 比 bǐ 前置 ～より
- 平时 píngshí 名 ふだん、平素
- 东西 dōngxi 名 物、物品
- 副 fù 量 対
  （セットや組になっているものに用いる）
- 蓝牙 lányá 名 ブルートゥース
- 耳机 ěrjī 名 イヤホン、ヘッドホン
- 打折 dǎ//zhé 動 割引する
- 块 kuài 量 元
- 什么 shénme 疑 なにか（不定の事物をさす）
- 给 gěi 前置 ～に
- 面膜 miànmó 名 フェイシャルパック
- 一共 yígòng 副 全部で
- 的确 díquè 副 確かに
- 嗯 ǹg 感 うん、ええ
- 还 hái 副 そのうえ、さらに
- 抹茶 mǒchá 名 抹茶
- 又 yòu 副 また

POINT ポイント

1 | お金の表現

🔊 137

書き言葉	元 yuán	角 jiǎo	分 fēn
話し言葉	块 kuài	毛 máo	

1) 五百六十元　wǔbǎi liùshí yuán
　 五百六十块　wǔbǎi liùshí kuài
2) 一共多少钱?　Yígòng duōshao qián?
　 —— 三百块。　—— Sānbǎi kuài.
3) 多少钱一盒?　Duōshao qián yì hé?
　 —— 六十块一盒。　—— Liùshí kuài yì hé.
4) 您怎么支付[1]?　Nín zěnme zhīfù?
　 用[2]现金[3]还是刷卡[4]?　Yòng xiànjīn háishi shuākǎ?
　 —— 我刷卡。　—— Wǒ shuākǎ.

🔊 138

1 支付 zhīfù 動 支払う
2 用 yòng 前置 ～で
3 现金 xiànjīn 名 現金
4 刷卡 shuā//kǎ カードで支払う
信用卡 xìnyòngkǎ 名 クレジットカード

2 | 不定代名詞

🔊 139

疑問詞は不定代名詞として使うことができる。
意味の重心（焦点）ではないため、軽く発音する。

你也买<u>什么</u>了吗?　Nǐ yě mǎi shénme le ma?
あなたも<u>何か</u>買ったでしょう?

1) 我以前[5]好像在哪儿见[6]过你。　Wǒ yǐqián hǎoxiàng zài nǎr jiàn guo nǐ.
2) 饿[7]了吧? 咱们吃点儿什么吧。　È le ba? Zánmen chī diǎnr shénme ba.
3) 你什么时候来我家玩儿吧。　Nǐ shénme shíhou lái wǒ jiā wánr ba.

🔊 140

5 以前 yǐqián 名 以前
6 见 jiàn 動 会う
7 饿 è 形 お腹が空いた

早速中国語で言ってみよう
① あなたは午後どこかへ遊びに行きますか。
② 中国へ何日か遊びに行きましょう。
③ 田中さんはいくつかリンゴを買った。

3 | 前置詞 "比"

🔊 141

A	+	"比"	+	B	+	形容詞(句)
"双十一"		比		平时		便宜。
"Shuāng shíyī"		bǐ		píngshí		piányi.

1) 弟弟比哥哥幽默。　Dìdi bǐ gēge yōumò.
2) 今天比昨天热[8]。　Jīntiān bǐ zuótiān rè.

🔊 142

8 热 rè 形 熱い、暑い

✅ 比較文の否定は、通常「B＋"没有"＋A＋形容詞（句）」の形となる。

3) 哥哥没有弟弟幽默。 Gēge méiyǒu dìdi yōumò.

4) 昨天没有今天热。 Zuótiān méiyǒu jīntiān rè.

早速中国語で言ってみよう ① 長江[9]は黄河[10]よりも長い。
② 図書館は教室よりも近い。
③ 教室は図書館ほど近くない。

9 长江 Cháng Jiāng 名 長江、揚子江
10 黄河 Huáng Hé 名 黄河

4 | 前置詞"给"

143

	"给" ＋	受給者 ＋	動詞（句）
我	给	丁宁	买了两盒面膜。
Wǒ	gěi	Dīng Níng	mǎi le liǎng hé miànmó.

144

1) 我给大家[11]介绍[12]一下。 Wǒ gěi dàjiā jièshào yíxià.

2) 姐姐给客人[13]倒[14]了一杯茶。 Jiějie gěi kèren dào le yì bēi chá.

11 大家 dàjiā 代 みんな、皆さん
12 介绍 jièshào 動 紹介する
13 客人 kèren 名 客
14 倒 dào 動 つぐ

早速中国語で言ってみよう ① あなたにプレゼントを（ひとつ）持ってきた。
② お母さんはおじさんに電話を（1本）掛けた。（"一个电话"）

5 | 副詞"还"——追加

145

	副詞"还" ＋	動詞（句）
我	还	买了盒点心。
Wǒ	hái	mǎi le hé diǎnxin.

146

1) 田中会说汉语，还会说韩语[15]。
Tiánzhōng huì shuō Hànyǔ, hái huì shuō Hányǔ.

2) 弟弟吃了两盘[16]饺子，还吃了一碗[17]米饭[18]。
Dìdi chī le liǎng pán jiǎozi, hái chī le yì wǎn mǐfàn.

15 韩语 Hányǔ 名 韓国語
16 盘 pán 量 皿
17 碗 wǎn 量 杯
18 米饭 mǐfàn 名 ご飯
19 词典 cídiǎn 名 辞書

早速中国語で言ってみよう ① 私は小説を買いたい。それに辞書[19]を1冊買いたい。
② 彼はラーメンを1杯食べた。それにビールを1本飲んだ。

6 | 副詞"又"——繰り返し

147

	副詞"又" ＋	動詞（句）
你	又	乱花钱了。
Nǐ	yòu	luàn huā qián le.

148

1) 昨天晚上又下雪了。 Zuótiān wǎnshang yòu xià xuě le.

2) 小李又买了一件[20]毛衣。 Xiǎo-Lǐ yòu mǎi le yí jiàn máoyī.

20 件 jiàn 量 着、枚

早速中国語で言ってみよう ① 兄はまた北京に行った。
② 私はビールをもう1杯飲んだ。

TRAINING トレーニングコーナー

1

次のピンインに声調記号を付けて、発音してみましょう。 149

① “Shuang shiyi” wo gei baba mai le jian maoyi.

② Ni e le ba? Zanmen chi dianr shenme ba.

③ Meimei bi jiejie congming.

④ Jintian meiyou zuotian mang.

⑤ Zhe fu lanya erji duoshao qian?

2

上の①～⑤を中国語の簡体字で書き、さらに日本語に訳しましょう。

① ______________________

［訳］......................

② ______________________

［訳］......................

③ ______________________

［訳］......................

④ ______________________

［訳］......................

⑤ ______________________

［訳］......................

3

音声を聞いて次の質問文を書き取り、さらに中国語で答えましょう。 150

① ______________________？ ［答］______________________。

② ______________________？ ［答］______________________。

③ ______________________？ ［答］______________________。

④ ______________________ ？ ［答］______________________ 。

⑤ ______________________ ？ ［答］______________________ 。

4

次の絵について、［　］内の語句を使って語ってみましょう。

①

［哪儿，吧］

咱们 ______________________ 。

②

［日元（rìyuán 日本円），个］

______________________ 。

③

［比，便宜］

香蕉（xiāngjiāo バナナ）__________ 。

④

［给，买］

我 ________ 蛋糕（dàngāo ケーキ）。

COLUMN

双十一節

今の中国で最も注目されている節日（と言っても休日ではありません）は、「双十一節」でしょう。これは現代の節日なので、旧暦ではなく今のカレンダーの 11 月 11 日におこなわれます。もともとは 20 世紀の末に南京の大学生の間で、「1」が並んだこの日を「独身の日」と呼んだことが始まりでした。プレゼントをあげる恋人がいない彼らが、自分への慰め、ご褒美としてちょっと高価なものを買ったということが話題となって、それを真似する者が若者たちのあいだで出てきました。

その行動がいろいろな地域、世代に広がっていって、とうとう流通最大大手のアリババがこの日をねらってネット割引販売セールを始めるようになりました。この双十一セールは、近年では一日の売上高が、日本のアマゾンの一年間の総売上の数倍になったということで評判になりました。中国はとにかく巨大な国ですから、そこでなにかに火が付くと、そのブームは他の国では想像もできないようなスケールになってしまうのです。

LESSON 9

第 9 课 外面 下 雪 了。
Dì jiǔ kè　Wàimiàn xià xuě le.

ウォーミングアップ 丸ごと覚える表現

🔊151

● 真漂亮。（綺麗ですね。）
Zhēn piàoliang.

● 刮风了（風が吹いた）
guā fēng le

● 不要紧。（大丈夫です。）
Bú yàojǐn.

● 雨停了（雨が止んだ）
yǔ tíng le

会話文

🔊152

三浦（Sānpǔ）：外面 下 雪 了。真 漂亮！
Wàimiàn xià xuě le. zhēn piàoliang!

孔文（Kǒng Wén）：三浦，你 喜欢 滑雪 吗？
Sānpǔ, nǐ xǐhuan huáxuě ma?

三浦（Sānpǔ）：喜欢，不过 水平 不 高。
Xǐhuan, búguò shuǐpíng bù gāo.

孔文（Kǒng Wén）：过 元旦 的 时候，丁 宁 要 和 我 一起 去 滑雪。
Guò Yuándàn de shíhòu, Dīng Níng yào hé wǒ yìqǐ qù huáxuě.

你 想 不 想 去？
Nǐ xiǎng bu xiǎng qù?

三浦（Sānpǔ）：想 去，可是 我 这儿 没有 滑雪服 什么的。
Xiǎng qù, kěshì wǒ zhèr méiyǒu huáxuěfú shénmede.

孔文（Kǒng Wén）：不 要紧，你 可以 在 滑雪场 租 一 套。
Bú yàojǐn, nǐ kěyǐ zài huáxuěchǎng zū yí tào.

三浦（Sānpǔ）：那 太 好 了。
Nà tài hǎo le.

（しばらくして）雪 停 了。
Xuě tíng le.

孔 文，咱们 去 堆 个 雪人 吧。
Kǒng Wén, zánmen qù duī ge xuěrén ba.

単語 153

- 外面 wàimiàn 名 外、表
- 滑雪 huá//xuě 動 スキーをする
- 水平 shuǐpíng 名 水準、レベル
- 高 gāo 形 高い ⟷ 低 dī 形 低い
- 要 yào 助動 ～するつもりだ、しなければならない
- 可是 kěshì 接続 しかし
- 滑雪服 huáxuěfú 名 スキーウエア
- 什么的 shénmede 助 ～とか、などなど
- 要紧 yàojǐn 形（状況が）厳しい
- 可以 kěyǐ 助動 ～できる
- 滑雪场 huáxuěchǎng 名 スキー場
- 租 zū 動（有料で）借りる
- 套 tào 量 セット、一式
- 停 tíng 動 止む、止める
- 堆 duī 動 積み上げる
- 雪人 xuěrén 名 雪だるま

POINT ポイント

1 存現文

🔊 154

場所・時間	+ 存在・変化	+ 不定の出現物・存在物	
外面	下	雪	了。
Wàimiàn	xià	xuě	le.

🔊 155

1) 河[1]里有很多鱼[2]。 Hé li yǒu hěn duō yú.

2) 那张桌子[3]上[4]放[5]着[6]两本词典。
Nà zhāng zhuōzi shang fàng zhe liǎng běn cídiǎn.

3) 家里来了三个客人。 Jiā li lái le sān ge kèren.

1 河 hé [名] 川
2 鱼 yú [名] 魚
3 桌子 zhuōzi [名] 机、テーブル
4 上 shang [名] 上
5 放 fàng [動] 置く
6 着 zhe [助] ～している、～してある、～したままの状態にある
7 外国人 wàiguórén [名] 外国人

早速中国語で言ってみよう
① 北京ではまた雪が降った。
② 教室の中に 30 人の学生がいる。
③ 外には 1 人の外国人[7]が立っている。
④ 先生の家にはたくさんの学生が来ている。

2 助動詞“要”──意志・必要性

🔊 156

	助動詞“要”	+ 動詞(句)
丁宁	要	和我一起去滑雪。
Dīng Níng	yào	hé wǒ yìqǐ qù huáxuě.

🔊 157

1) 弟弟要吃冰激凌。 Dìdi yào chī bīngjīlíng.

2) 你要喝什么? Nǐ yào hē shénme?

3) 你要按时[8]起床[9]。 Nǐ yào ànshí qǐchuáng.

4) 你们明天也要过来[10]。 Nǐmen míngtiān yě yào guòlai.

8 按时 ànshí [副] 時間どおりに
9 起床 qǐ//chuáng [動] 起きる、起床する
10 过来 guò//lai [動] やってくる
11 暑假 shǔjià [名] 夏休み
12 听话 tīng//huà [動] 言うことを聞く
13 节约 jiéyuē [動] 節約する

早速中国語で言ってみよう
① 彼は夏休み[11]に上海へ行くつもりでいる。
② あなたは何を買いたいのですか。
③ あなたは先生の話を聞かなくて[12]はなりません。(“老师的话”)
④ 私たちは節約[13]しなくてなりません。

3 正反疑問文

🔊158

	肯定形	+ 否定形	
你	想	不想	去?
Nǐ	xiǎng	bu xiǎng	qù?

🔊159

1) 外面冷不冷?　Wàimiàn lěng bu lěng?

2) 你夏天吃不吃火锅[14]?　Nǐ xiàtiān chī bu chī huǒguō?

3) 那张照片[15]漂亮不漂亮?　Nà zhāng zhàopiàn piàoliang bu piàoliang?

14 火锅 huǒguō [名] 中国風寄せ鍋
15 照片 zhàopiàn [名] 写真
16 难 nán [形] 難しい
17 课 kè [名] 授業

早速中国語で言ってみよう
① あなたは卓球をしますか。
② 中国語は難しい[16]ですか。
③ 明日は授業[17]がありますか。

4 助動詞“可以”——許可・提案

🔊160

	助動詞“可以”	+ 動詞(句)
你	可以	在滑雪场租一套。
Nǐ	kěyǐ	zài huáxuěchǎng zū yí tào.

🔊161

1) 这里可以停车[18]。　Zhèli kěyǐ tíngchē.

2) 下午可以出去玩儿。　Xiàwǔ kěyǐ chūqu wánr.

3) 我下午不在，你可以在我房间上网[19]。
Wǒ xiàwǔ bú zài, nǐ kěyǐ zài wǒ fángjiān shàngwǎng.

4) 你可以坐八路[20]公交车去。　Nǐ kěyǐ zuò bā lù gōngjiāochē qù.

18 停车 tíng//chē [動] 車を止める、駐車する
19 上网 shàng//wǎng [動] インターネットをする
20 路 lù [名] 番、路線
21 查 chá [動] 調べる、辞書などをひく

早速中国語で言ってみよう
① ここでタバコを吸っても良いです。
② 入って（行って）も良いです。
③ インターネットで調[21]べてみると良いと思います。（“上网查”）
④ 先生に聞いてみると良いと思います。

TRAINING トレーニングコーナー

1

次のピンインに声調記号を付けて、発音してみましょう。 162

① Wo xihuan huaxue, buguo shuiping bu gao.

② Ni xiang bu xiang qu pa Changcheng?

③ Zuotian wo jia li lai le liang ge waiguo ren.

④ Mingtian nimen you meiyou ke?

⑤ Shujia wo yao qu Riben.

2

上の①～⑤を中国語の簡体字で書き、さらに日本語に訳しましょう。

① ______________________

[訳] ______________________

② ______________________

[訳] ______________________

③ ______________________

[訳] ______________________

④ ______________________

[訳] ______________________

⑤ ______________________

[訳] ______________________

3

音声を聞いて次の質問文を書き取り、さらに中国語で答えましょう。 163

① ______________________? [答] ______________________。

② ______________________? [答] ______________________。

③ ______________________? [答] ______________________。

④ ________________________ ? ［答］________________________ 。

⑤ ________________________ ? ［答］________________________ 。

4

次の絵について、［　］内の語句を使って語ってみましょう。

①

［放，着］

桌子上 ________________ 。

②

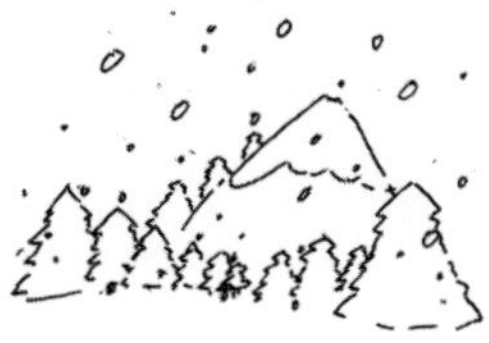

［了］

山上 ________________ 。

③

［可以］

我们 ________________ 。

④

［吃，不吃］

你 ________________ ？

COLUMN

暦 「春節と正月」

　毎年１月の後半から２月になると、日本でも新聞などで「春節」の話題が取り上げられます。春節というのは中国の、旧暦でいう「正月」のことです。日本では文明開化時代の明治５年に、それまでの陰暦が廃されて暦は新暦（陽暦）に改められましたが、中国では大学の学期など新暦で行われているものもあるものの、伝統的な行事はまだまだ旧暦で行われています。

　中でも中国人がいちばん大切にしている新年の行事は絶対に旧暦の春節に行われます。カレンダーの１月１日は、一応授業は休みになりますが、扱いは単なる通常のお休みで、翌日から日常の生活に戻ります。

　その代わり旧正月（春節）は盛大に祝うのが習慣です。各地にばらばらに暮らしていた家族がみんな故郷に帰ってくるので、列車やバスはみんな超満員。最近は前後二週間のお休みを利用して海外旅行をする人も多いので、ひところ日本で話題になった中国人の「爆買い」が世界中で見られるのです。

LESSON 10

第 10 课 快 到 了 吧？

Dì shí kè Kuài dào le ba?

ウォーミングアップ　丸ごと覚える表現

164

- 上次 （前回）
  shàngcì
- 这次 （今回）
  zhècì
- 下次 （次回）
  xiàcì
- 上个月 （先月）
  shàng ge yuè
- 这个月 （今月）
  zhè ge yuè
- 下个月 （来月）
  xià ge yuè
- 上（个）星期 （先週）
  shàng (ge) xīngqī
- 这（个）星期 （今週）
  zhè (ge) xīngqī
- 下（个）星期 （来週）
  xià (ge) xīngqī
- 是的。 （そうです。）
  Shìde.
- 没错儿。 （そうです。）
  Méi cuòr.

会話文

165

丁宁 Dīng Níng：法子， 又 见面 了。快 上 车。
Fǎzǐ, yòu jiànmiàn le. Kuài shàng chē.

三浦 Sānpǔ：上次 去 长城 玩儿 得 很 开心， 谢谢 你。
shàngcì qù Chángchéng wánr de hěn kāixīn, xièxie nǐ.

丁宁 Dīng Níng：不 客气。我 也 喜欢 玩儿。
Bú kèqi. Wǒ yě xǐhuan wánr.

三浦 Sānpǔ：那 有 机会 的话， 我们 去 爬 富士 山 吧。
Nà yǒu jīhui dehuà, wǒmen qù pá Fùshì Shān ba.

孔文 Kōng Wén：听说 七 八 月份 去 最 好， 说不定 能 爬 到 山顶。
Tīngshuō qī bā yuèfèn qù zuì hǎo, shuōbudìng néng pá dào shāndǐng.

三浦 Sānpǔ：是的。到时候 我 来 当 向导。
Shìde. Dào shíhou wǒ lái dāng xiàngdǎo.

（しばらく経ってから）

三浦 Sānpǔ：快 到 了 吧？
Kuài dào le ba?

前面 是不是 滑雪场 的 入口？
Qiánmiàn shibushi huáxuěchǎng de rùkǒu?

孔文：没 错儿。来 的 人 不少 啊。
Kǒng Wén Méi cuòr. Lái de rén bùshǎo a.

你们 先 去 买 票，我 去 找 个 地方 停 车。
Nǐmen xiān qù mǎi piào, wǒ qù zhǎo ge dìfang tíng chē.

単語 166

- 快 kuài 副 早く
- 上车 shàng//chē 動 車に乗る
- 得 de 助 特徴や程度についての評価を表す補語を導く
- 开心 kāixīn 形 楽しい
- 机会 jīhui 名 機会、チャンス
- 富士山 Fùshì Shān 名 富士山
- 月份 yuèfèn 名 月、月順
- 说不定 shuōbudìng 副 ひょっとしたら〜かもしれない
- 能 néng 助動 〜できる
- 山顶 shāndǐng 名 山頂
- 到时候 dào shíhou その時には
- 来 lái 動 動作に取り組む積極的な姿勢を示す
- 当 dāng 動 〜になる
- 向导 xiàngdǎo 名 案内人、ガイド
- 前面 qiánmiàn 名 前、前方
- 入口 rùkǒu 名 入口
- 不少 bùshǎo 形 多い
- 票 piào 名 入場券
- 找 zhǎo 動 探す
- 地方 dìfang 名 場所、ところ

POINT ポイント

1 | 様態補語

🔊167

	動詞	+ “得” +	形容詞句
他们今天	玩儿	得	很开心。
Tāmen jīntiān	wánr	de	hěn kāixīn.

🔊168

1) 他上午来得很晚[1]。　Tā shàngwǔ lái de hěn wǎn.

2) 妹妹（写）字[2]写得很好。　Mèimei (xiě) zì xiě de hěn hǎo.

1 晚 wǎn 形 遅い
2 字 zì 名 字

✔ 様態補語の否定は、通常“動詞＋‘得’＋‘不’＋形容詞”の形となる。

3) 他上午来得不晚。　Tā shàngwǔ lái de bù wǎn.

4) 弟弟（吃）饭吃得不多。　Dìdi (chī) fàn chī de bù duō.

早速中国語で言ってみよう
① 田中さんは着くのが早い[3]。
② あなたは話すのが本当に流暢[4]ですね。
③ 彼女は寝るのが遅くない。

3 早 zǎo 形 早い
4 流利 liúlì 形 流暢である

2 | 結果補語

🔊169

	動詞	+ 形容詞・自動詞	
你要的礼物	买	到	了。
Nǐ yào de lǐwù	mǎi	dào	le.

🔊170

1) 妹妹累[5]了，睡着[6]了。　Mèimei lèi le, shuìzháo le.

2) 作业[7]都[8]做完[9]了。　Zuòyè dōu zuòwán le.

✔ 結果補語の否定は、通常“‘没’＋動詞＋形容詞·自動詞”の形となる。

3) 妈妈还没睡着。　Māma hái méi shuìzháo.

4) 你吃饱[10]了吗？　Nǐ chī bǎo le ma?

—— 我还没吃饱。　—— Wǒ hái méi chī bǎo.

早速中国語で言ってみよう
① リンゴは売り[11]切れてしまいました。
② 見え[12]たか。—— まだ見えていない。

5 累 lèi 形 疲れている
6 着 zháo 動（動詞の補語となり）～つく
睡着 shuì//zháo 寝付く、眠る
7 作业 zuòyè 名 宿題
8 都 dōu 副 いずれも、みな
9 完 wán 動（動詞の補語となり）～し終わる
做完 zuò//wán やり終える
10 饱 bǎo 形 腹がいっぱいである
11 卖 mài 動 売る
12 见 jiàn 動（動詞の補語となり）感じ取る
看见 kàn//jiàn 見える、目に入る

3 | 助動詞“能”——潜在能力や条件に基づく可能性

🔊171

	“能”	+ 動詞句
他	能	爬到山顶。
Tā	néng	pá dào shāndǐng.

🔊172

1) 他能游[13]两公里。　Tā néng yóu liǎng gōnglǐ.

2) 这个沙发[14]能坐几个人？　Zhè ge shāfā néng zuò jǐ ge rén?

13 游 yóu 動 泳ぐ
14 沙发 shāfā 名 ソファ

早速中国語で言ってみよう ① 弟はラーメンを３杯食べられます。
② あなたは今運転できますか。
——できます。お酒[15]は飲んでいません。

15 酒 jiǔ [名] 酒

4 "来"の副詞的用法——積極性

173

到时候 我 来 当 向导。
Dào shíhou wǒ lái dāng xiàngdǎo.

174

1) 我来介绍一下，她是我表妹，叫丁宁。
Wǒ lái jièshào yíxià, tā shì wǒ biǎomèi, jiào Dīng Níng.

2) 您坐着，行李[16]我来搬[17]。 Nín zuòzhe, xíngli wǒ lái bān.

16 行李 xíngli [名] 荷物
17 搬 bān [動] 運ぶ
18 买单 mǎidān [動] 勘定を払う

早速中国語で言ってみよう ① 私が写真を撮ります。
② 今回は私が支払い[18]ます。

5 近接未来の"快～了"

175

快 到 了。
Kuài dào le.

176

1) 天[19]快黑[20]了。 Tiān kuài hēi le.

2) 快到冬天了。 Kuài dào dōngtiān le.

3) 快考试[21]了，你准备[22]好了吗？ Kuài kǎoshì le, nǐ zhǔnbèi hǎo le ma?

19 天 tiān [名] 日、空
20 黑 hēi [形] 暗い
21 考试 kǎoshì [動] 試験をする、試験を受ける
22 准备 zhǔnbèi [動] 準備する

早速中国語で言ってみよう ① もうすぐやり終えそうです。
② 李さんの友達はもうすぐ日本に帰るそうです。
③ もうすぐ北京に着く。

TRAINING トレーニングコーナー

1

次のピンインに声調記号を付けて、発音してみましょう。 177

① You jihui dehua, women yiqi qu Shanghai ba.

② Tingshuo san si yuefen qu zui hao.

③ Baba zuofan zuo de hen kuai.

④ Na ge liuxuesheng Riyu shuo de hen liuli.

⑤ Kuai dao dongtian le, ni mai jian maoyi ba.

2

上の①～⑤を中国語の簡体字で書き、さらに日本語に訳しましょう。

① ______________________________

［訳］

② ______________________________

［訳］

③ ______________________________

［訳］

④ ______________________________

［訳］

⑤ ______________________________

［訳］

3

音声を聞いて次の質問文を書き取り、さらに中国語で答えましょう。 178

① ____________________？ ［答］____________________。

② ____________________？ ［答］____________________。

③ ____________________？ ［答］____________________。

④ ________________________？ ［答］________________________。

⑤ ________________________？ ［答］________________________。

4

次の絵について、［　］内の語句を使って語ってみましょう。

①

［得，多］

她今天 ____________________。

②

［卖，完］

苹果 ____________________。

③

［快，了］

咖啡 ____________________。

④

［能］

他 ________________________。

COLUMN

暦「清明節」

旧暦の 3 月、春分から 15 日目（今の暦では 4 月の初め）にあたる節日。中国では会社、学校などが休日となります。春先の暖かな気候、咲き始めた草花に誘われて野山に散策に出かける人も多いです。漢文の教科書に載せられている「人面桃花」で主人公の若者が郊外の屋敷で一人の美女に出会ったのもこの清明節の一日でした。

また、この日は別名「掃墓節」とも呼ばれるように、中国では家族が集まって一族のお墓の草むしりや掃除をして先祖に感謝を捧げる風習も広く定着しています。日本では沖縄地方にこの清明節の名称が伝わっていますが、本土には残っていません。

ただ、先祖の墓参りや供養をする習慣としては、日本には「お彼岸」の習慣があり、春の彼岸は春分前後の一週間を時期とするところ、お墓をきれいにして祖先の冥福を祈るところなど中国の「清明節」と共通する点も多く見られて、中国と日本の文化、習慣の比較として興味深いものがあります。

LESSON 11

第11课 Dì shíyī kè

你 下个月 就要 回国 了。
Nǐ xià ge yuè jiùyào huíguó le.

ウォーミングアップ 丸ごと覚える表現

179

- 我懂了。 （分かった。）
  Wǒ dǒngle.
- 一学就会。 （すぐできる。）
  Yì xué jiù huì.
- 干杯。 （乾杯！）
  Gānbēi.

会話文

180

孔文妈：你 看，这样 包。多 放 点儿 馅儿。
Kǒng Wén mā Nǐ kàn, zhèyàng bāo. Duō fàng diǎnr xiànr.

三浦：我 懂 了。阿姨，这个 包 得 怎么样？
Sānpǔ Wǒ dǒng le. Āyí, zhège bāo de zěnmeyàng?

孔文妈：不错 不错。一 学 就 会，你 真 聪明。
Kǒng Wén mā Búcuò búcuò. Yì xué jiù huì, nǐ zhēn cōngming.

丁宁：让 我 看看。真 棒！ 我 怎么 学不会？
Dīng Níng Ràng wǒ kànkan. Zhēn bàng! Wǒ zěnme xuébuhuì?

孔文：时间 过 得 真 快。
Kǒng Wén Shíjiān guò de zhēn kuài.

没 想到 你 下个月 就要 回国 了。
Méi xiǎngdào nǐ xià ge yuè jiùyào huí guó le.

三浦：走 之前 能 和 大家 一起 包 饺子，
Sānpǔ Zǒu zhīqián néng hé dàjiā yìqǐ bāo jiǎozi,

我 真的 很 开心。谢谢 叔叔 阿姨。
wǒ zhēnde hěn kāixīn. xièxie shūshu āyí.

（しばらくしてから）

孔文爸：饺子 端 上来 了。来，大家 把 酒杯 倒 满。
Kǒng Wén bà Jiǎozi duān shanglai le. Lái, dàjiā bǎ jiǔbēi dào mǎn.

祝 法子 学业 顺利，祝 各位 身体 健康。
Zhù Fǎzǐ xuéyè shùnlì, zhù gèwèi shēntǐ jiànkāng.

干杯！
Gānbēi!

一同： 干杯！
Gānbēi!

単語 181

- 就 jiù 副 すぐ
- 要 yào 助動 ～しそうだ、～するだろう
- 就要 jiùyào 副 まもなく
- 回国 huí guó 帰国する
- 这样 zhèyàng 代 このように
- 放 fàng 動 入れる
- 馅儿 xiànr 名 あん、中身
- 懂 dǒng 動 理解する、身に付いている
- 阿姨 āyí 名 おばちゃん、お姉さん
- 一～就～ yī~jiù~ ～すると、～（2つの事柄がほぼ同時に発生するときに用いる）
- 让 ràng 動 ～させる
- 棒 bàng 形 すばらしい
- 怎么 zěnme 疑 なんで
- 想到 xiǎng//dào 動 予想する、思いつく
- 之前 zhīqián 名 ～の前
- 真的 zhēnde 本当に
- 端 duān 動 水平に保つようにして持つ
- 来 lái 感（人を促して）さあ
- 把 bǎ 前置 ～を（～する）
- 酒杯 jiǔbēi 名 グラス
- 满 mǎn 形 いっぱいである
- 祝 zhù 動 祈る
- 学业 xuéyè 名 学業
- 顺利 shùnlì 形 物事が順調に運ぶ
- 各位 gèwèi 名 皆さん、各位
- 身体 shēntǐ 名 体
- 健康 jiànkāng 形 健康的である

POINT ポイント

1 "一～就～"

🔊 182

	"一"	+	動詞(句)$_1$	+	"就"	+	動詞(句)$_2$
三浦很聪明，	一		学		就		会。
Sānpǔ hěn cōngming,	yì		xué		jiù		huì.

🔊 183

1) 弟弟一上课就困[1]。　Dìdi yí shàngkè jiù kùn.

2) 我一到十二点就饿。　Wǒ yí dào shí'èr diǎn jiù è.

早速中国語で言ってみよう ① 最近[2]お兄さんは酒を飲むとすぐ酔って[3]しまう。
② 彼が来たらすぐ出発[4]します。

1 困 kùn 形 眠い
2 最近 zuìjìn 名 最近
3 醉 zuì 動 酔う
4 出发 chūfā 動 出発する

2 使役文

🔊 184

A	+	"让"	+	B	+	動詞句
你		让		我		看看。
Nǐ		ràng		wǒ		kànkan.

1) 让我休息一会儿吧。　Ràng wǒ xiūxi yíhuìr ba.
（"让～"：許容使役）

2) 老师叫你过去。　Lǎoshī jiào nǐ guòqu.
（"叫～"：強制使役）

早速中国語で言ってみよう ① 日曜日は外で遊ばせてください。
② お母さんは弟に家で宿題をやらせる。

3 可能補語

🔊 185

	動詞	+	"不"	+	自動詞・形容詞
我怎么	学		不		会？
Wǒ zěnme	xué		bu		huì?

🔊 186

1) 这张桌子搬不动[5]。　Zhè zhāng zhuōzi bānbudòng.

2) 房间太热，我睡不着。　Fángjiān tài rè, wǒ shuìbuzháo.

✔ 可能補語の肯定形は主に疑問文に使われ、平叙文ではあまり現れない。

3) 这种茶在上海买得到吗？
Zhè zhǒng chá zài Shànghǎi mǎidedào ma?

4) 这盘饺子你吃得了吗？　Zhè pán jiǎozi nǐ chīdeliǎo ma?
——吃不了[6]。　——Chībuliǎo.

早速中国語で言ってみよう ① 辞書は売り切れた。買えなくなった。
② あなたのお兄さんはフランス語[7]が聞き取れ[8]ますか。

5 动 dòng 動 (動詞の補語となり) ～動かせる
搬得 / 不动 bānde/budòng 運べる／運べない
6 了 liǎo 動 (動詞の補語となり) ～しきれる
吃得 / 不了 chīde/buliǎo (そのぐらい) たくさん食べられる／食べられない
7 法语 Fǎyǔ 名 フランス語
8 懂 dǒng 動 (動詞の補語となり) 理解する、身につけている
听得懂 / 听不懂 tīngde/budǒng 聞いて分かる／聞いて分からない

4 近接未来の"要～了"

187

	（未来の時間詞）	"要～了"
我	明天	就要回国了。
Wǒ	míngtiān	jiùyào huí guó le.

188

1) 他明天要过生日[9]了。 Tā míngtiān yào guò shēngrì le.
2) 下星期要放假了。 Xiàxīngqī yào fàngjià le.
3) 火车[10]十分钟后[11]就要到上海了。
Huǒchē shí fēn zhōng hòu jiùyào dào Shànghǎi le.

9 生日 shēngrì 名 誕生日
10 火车 huǒchē 名 列車
11 后 hòu 名 後
12 终点 zhōngdiǎn 名 終点
13 换 huàn 動 換える

早速中国語で言ってみよう
① 雨が降りそうだ。
② バスはもうすぐ終点[12]に着く。
③ お兄さんは来月仕事を換える[13]予定だ。

5 前置詞"把"

189

	"把" +	処置の対象 +	動詞 +	補語
大家	把	酒杯	倒	满。
Dàjiā	bǎ	jiǔbēi	dào	mǎn.

190

1) 一定要把手[14]洗[15]干净。 Yídìng yào bǎ shǒu xǐ gānjìng.
2) 弟弟把自行车[16]修[17]好了。 Dìdi bǎ zìxíngchē xiū hǎo le.
3) 你把钥匙[18]放在桌子上吧。 Nǐ bǎ yàoshi fàng zài zhuōzi shang ba.

14 手 shǒu 名 手
15 洗 xǐ 動 洗う
16 自行车 zìxíngchē 名 自転車
17 修 xiū 動 修理する
18 钥匙 yàoshi 名 鍵
19 杯子 bēizi 動 コップ
20 打碎 dǎsuì 動 割れる、打ち砕く

早速中国語で言ってみよう
① コップ[19]を割って[20]しまった。
② 今日は本を読み終えなくてならない。
③ 父は荷物を部屋の中へ持って（入って）きた。

TRAINING トレーニングコーナー

1

次のピンインに声調記号を付けて、発音してみましょう。 191

① Shijian guo de zhen kuai.

② Zhu nimen xueye shunli.

③ Ta yi ge xiaoshi hou jiuyao dao Shanghai le.

④ Women laoshi mingtian qubuliao.

⑤ Qing ba xingli fang zai fangjian li.

2

上の①〜⑤を中国語の簡体字で書き、さらに日本語に訳しましょう。

① ______________________

［訳］

② ______________________

［訳］

③ ______________________

［訳］

④ ______________________

［訳］

⑤ ______________________

［訳］

3

音声を聞いて次の質問文を書き取り、さらに中国語で答えましょう。 192

① ______________ ？ ［答］______________ 。

② ______________ ？ ［答］______________ 。

③ ______________ ？ ［答］______________ 。

④ ________________________？［答］________________________。

⑤ ________________________？［答］________________________。

4

次の絵について、［　］内の語句を使って語ってみましょう。

①

［叫，买］

她 ________________________。

②

［要，了］

我们八月一号 ________________。

③

［懂］

你说的韩语妹妹 ________________。

④

［把，干净］

请 ________________________。

COLUMN

暦「端午節」

端午節（旧暦の５月５日）は「端午の節句」という形で日本でも広く行われていますが、もともとの起源は中国にあります。そのいわれは中国人なら誰でも知っているほど有名で、紀元前、戦国時代の楚の国の詩人であり、有力な政治家でもあった屈原が世をはかなんで汨羅(べきら)の川に身を投げて死んだ。その遺体を捜索するため多くの人々が舟をくりだしたのが、現在に伝わるドラゴンボート競争の始まりだといわれています。また、川底に沈んだ屈原の遺体を魚たちに食べられないように人々が川に握り飯を投げ込んだことが、端午節に中国人が粽(ちまき)を作る発端になったそうです。

今の日本では、この日は「こどもの日」として主に男の子を祝う節日になっていて、武者人形を飾ったり庭に鯉のぼりをあげたりして、もともとの中国の風習とはかなり違う形になっています。それでも、粽を食べたり厄除けの菖蒲を軒先につるしたり日中で共通している点も多く、両国の文化交流の一端がそこに見られます。

語句索引

数字は課を示す。

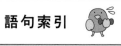

放假	fàngjià	5
房间	fángjiān	5
放心	fàngxīn	6
非常	fēicháng	4
分	fēn	3,8
副	fù	8
附近	fùjìn	2
富士山	Fùshì Shān	10
复习	fùxí	6

G

干	gàn	7
干杯	gān//bēi	11
干净	gānjìng	5
高	gāo	9
告诉	gàosu	6
高兴	gāoxìng	1
个	ge	2
哥哥	gēge	3
各位	gèwèi	11
给	gěi	8
公交车	gōngjiāochē	3
公斤	gōngjīn	6
公里	gōnglǐ	6
公司	gōngsī	3
工作	gōngzuò	7
姑姑	gūgu	3
刮风了	guā fēng le	9
贵	guì	4
贵姓	guìxìng	1
过	guo	5
过	guò	3,4,6
过节	guò//jié	3
过来	guò//lai	9
国庆节	Guóqìngjié	5

H

哈	hā	4
还	hái	5,8
还是	háishi	6
韩国	Hánguó	7
韩语	Hányǔ	8
汉语	Hànyǔ	3
好	hǎo	1
号	hào	3
好吃	hǎochī	4
好喝	hǎohē	4
好像	hǎoxiàng	5
喝	hē	1
和	hé	5
盒	hé	6
河	hé	9
合影	héyǐng	7
黑	hēi	10
很	hěn	1
红茶	hóngchá	1
红酒	hóngjiǔ	6
红烧肉	hóngshāoròu	3
后	hòu	11
后年	hòunián	3
后天	hòutiān	3
滑雪	huá//xuě	9
滑雪场	huáxuěchǎng	9
滑雪服	huáxuěfú	9
换	huàn	11
欢迎	huānyíng	4
黄河	Huáng Hé	8
回	huí	6
会	huì	3,7
回答	huídá	6
回国	huí guó	11
火车	huǒchē	11
火锅	huǒguō	9

J

机场	jīchǎng	4
几点	jǐ diǎn	2
几	jǐ	2
机会	jīhui	10
季节	jìjié	7
机票	jīpiào	5
加	jiā	1
家	jiā	3
见	jiàn	8,10
件	jiàn	8
健康	jiànkāng	11
见面	jiàn//miàn	2
角	jiǎo	8
叫	jiào	1
教室	jiàoshì	7
教师节	Jiàoshījié	3
饺子	jiǎozi	3
节	jié	3
姐姐	jiějie	3
介绍	jièshào	8
节约	jiéyuē	9
今年	jīnnián	3
今天	jīntiān	3
进	jìn	4
近	jìn	4
九	jiǔ	2
酒	jiǔ	10
酒杯	jiǔbēi	11
就	jiù	11
就要	jiùyào	11
舅舅	jiùjiu	3

K

咖啡	kāfēi	1
咖啡馆	kāfēiguǎn	7
开车	kāi//chē	3
开心	kāixīn	10
看	kàn	2
看见	kàn//jiàn	10
考虑	kǎolǜ	5
考试	kǎoshì	10
课	kè	9
可乐	kělè	6
客气	kèqi	4
客人	kèren	8
可是	kěshì	9
可以	kěyǐ	9
空儿	kòngr	2
苦	kǔ	4
块	kuài	8
快	kuài	10
困	kùn	11

L

拉	lā	3
拉面	lāmiàn	6
来	lái	3,10,11
缆车	lǎnchē	6
蓝牙	lányá	8
姥姥	lǎolao	3

老师	lǎoshī	2
姥爷	lǎoye	3
了	le	6,7
累	lèi	10
冷	lěng	7
里	li	2
李	Lǐ	1
两	liǎng	2
了	liǎo	11
聊天儿	liáo//tiānr	7
零	líng	2
六	liù	2
流利	liúlì	10
留学生	liúxuéshēng	1
礼物	lǐwù	4
楼	lóu	6
路	lù	5,9
乱花钱	luàn huā qián	8
绿茶	lǜchá	1

M

吗	ma	1
妈妈	māma	3
买	mǎi	3
卖	mài	10
买单	mǎidān	10
满	mǎn	11
忙	máng	4
猫	māo	6
毛	máo	8
毛衣	máoyī	7
没	méi	2
美	měi	7
没错儿	méi cuòr	10
没法子	méi fázi	4
美国	Měiguó	5
妹妹	mèimei	3
没有	méiyǒu	2
米	mǐ	7
米饭	mǐfàn	8
迷路	mí//lù	7
面膜	miànmó	8
明年	míngnián	3
明天	míngtiān	3
名字	míngzi	1
抹茶	mǒchá	8

N

拿	ná	6
哪	nǎ	4
那	nà	1,4
奶奶	nǎinai	3
那里	nàli	4
哪里	nǎli	4
难	nán	9
那儿	nàr	4
哪儿	nǎr	3
呢	ne	2,5,7
内容	nèiróng	6
能	néng	10
嗯	ǹg	8
你	nǐ	1
你看	nǐ kàn	8
你们	nǐmen	2
您	nín	1
牛奶	niúnǎi	1

P

爬	pá	5
拍	pāi	7
拍照	pāizhào	7
盘	pán	8
胖	pàng	6
旁边	pángbiān	3
跑	pǎo	6
跑步	pǎo//bù	5
朋友	péngyou	2
啤酒	píjiǔ	6
便宜	piányi	5
票	piào	10
漂亮	piàoliang	7
瓶	píng	6
苹果	píngguǒ	4
乒乓球	pīngpāngqiú	5
平时	píngshí	8

Q

七	qī	2
起	qǐ	6
起床	qǐ//chuáng	9
七夕节	Qīxījié	5
前面	qiánmiàn	10
前年	qiánnián	3
前天	qiántiān	3
巧克力	qiǎokèlì	4
荞麦面	qiáomàimiàn	6
茄子	qiézi	7
请	qǐng	1
清楚	qīngchu	5
请客	qǐngkè	6
秋天	qiūtiān	7
去	qù	3
去年	qùnián	3

R

让	ràng	11
热	rè	8
人	rén	5
认识	rènshi	1
日	rì	3
日本人	Rìběnrén	1
日元	rìyuán	8
入口	rùkǒu	10

S

三	sān	2
散步	sàn//bù	5
沙发	shāfā	10
山顶	shāndǐng	10
上	shang	9
上	shàng	6
上车	shàng//chē	10
上次	shàngcì	10
上个星期	shàng ge xīngqī	10
上个月	shàng ge yuè	10
上海	Shànghǎi	5
上课	shàngkè	7
上面	shàngmiàn	7
上星期	shàng xīngqī	10
上网	shàng//wǎng	9
上午	shàngwǔ	2
谁	shéi	2
什么	shénme	1,8
什么的	shénmede	9
身体	shēntǐ	11

生日	shengrì	11
十	shí	2
是	shì	1
试	shì	6
时候	shíhou	2
时间	shíjiān	2
食堂	shítáng	7
十足	shízú	6
手	shǒu	11
手机	shǒujī	4
书	shū	4
刷卡	shuā//kǎ	8
水	shuǐ	4
水果	shuǐguǒ	3
睡	shuì	2
睡觉	shuì//jiào	2
水平	shuǐpíng	9
睡着	shuì//zháo	10
暑假	shǔjià	9
顺利	shùnlì	11
说	shuō	3
说不定	shuōbudìng	10
说好	shuō//hǎo	3
叔叔	shūshu	3
双十一	Shuāng shíyī	8
四	sì	2
岁	suì	3

T

他	tā	1
她	tā	1
它	tā	2
他们	tāmen	2
她们	tāmen	2
它们	tāmen	2
台	tái	2
太	tài	3
太～了	tài~le	3
糖	táng	1
套	tào	9
特别	tèbié	7
天	tiān	5,10
田中	Tiánzhōng	1
挑战	tiǎozhàn	6
体力	tǐlì	6
听	tīng	6
停	tíng	9
听不懂	tīngbudǒng	11
停车	tíng//chē	9
听得懂	tīngdedǒng	11
听话	tīng//huà	9
听说	tīngshuō	7
图书馆	túshūguǎn	7

W

外国人	wàiguórén	9
外面	wàimiàn	9
完	wán	10
晚	wǎn	10
碗	wǎn	8
晚上	wǎnshang	3
王	Wáng	2
往	wǎng	7
玩儿	wánr	4
问	wèn	5
问题	wèntí	2
我	wǒ	1
我们	wǒmen	2
五	wǔ	2

X

洗	xǐ	11
喜欢	xǐhuan	5
洗手间	xǐshǒujiān	6
洗澡	xǐ//zǎo	5
下	xià	6,7
下次	xiàcì	10
下个星期	xià ge xīngqī	10
下个月	xià ge yuè	10
夏天	xiàtiān	7
下午	xiàwǔ	2
下星期	xià xīngqī	10
先	xiān	4
现金	xiànjīn	8
香港	Xiānggǎng	7
香蕉	xiāngjiāo	8
想	xiǎng	3
想到	xiǎng//dào	11
向导	xiàngdǎo	10
馅儿	xiànr	11
现在	xiànzài	3
小	Xiǎo	1
小	xiǎo	4
小时	xiǎoshí	6
小说	xiǎoshuō	5
写	xiě	5
谢谢	xièxie	3
新闻	xīnwén	6
信心	xìnxīn	6
心意	xīnyì	4
信用卡	xìnyòngkǎ	8
行	xíng	6
姓	xìng	1
行李	xíngli	10
星期	xīngqī	2
修	xiū	11
休息	xiūxi	4
学	xué	6
雪	xuě	7
雪人	xuěrén	9
学生	xuésheng	1
学习	xuéxí	2
学业	xuéyè	11

Y

要	yào	6,9,11
要不	yàobù	5
要紧	yàojǐn	9
邀请	yāoqǐng	3
钥匙	yàoshi	11
也	yě	1
爷爷	yéye	3
一	yī	2
姨	yí	3
一点儿	yìdiǎnr	4
一定	yídìng	3
一共	yígòng	8
一会儿	yíhuìr	4
一～就～	yī~jiù~	11
一起	yìqǐ	2
以前	yǐqián	8
一下	yíxià	6
音乐	yīnyuè	7
用	yòng	8
有	yǒu	2

又	yòu	8
游	yóu	10
游客	yóukè	7
有意思	yǒu yìsi	4
幽默	yōumò	4
游戏	yóuxì	4
游泳	yóu//yǒng	5
鱼	yú	9
雨	yǔ	6
雨停了	yǔ tíng le	9
元	yuán	8
远	yuǎn	5
元旦	Yuándàn	5
圆明园	Yuánmíngyuán	3
语伴	yǔbàn	1
月	yuè	3
月饼	yuèbing	4
月份	yuèfèn	10

Z

在	zài	3,7
咱们	zánmen	2
早	zǎo	10
早上	zǎoshang	4
怎么	zěnme	5,11
怎么样	zěnmeyàng	2
站	zhàn	6
张	zhāng	7
着	zháo	10
找	zhǎo	10
照片	zhàopiàn	9
着	zhe	9
这	zhè	4
这次	zhècì	10
这个星期	zhè ge xīngqī	10
这个月	zhè ge yuè	10
这里	zhèli	4
这样	zhèyàng	11
这儿	zhèr	4
这星期	zhè xīngqī	10
真	zhēn	4
真的	zhēnde	11
正好	zhènghǎo	3
支付	zhīfù	8
直达	zhídá	5
知道	zhīdao	5
之前	zhīqián	11
钟	zhōng	6
终点	zhōngdiǎn	11
中国人	Zhōngguórén	1
中秋节	Zhōngqiūjié	3
中午	zhōngwǔ	4
终于	zhōngyú	7
周末	zhōumò	5
祝	zhù	11
主意	zhǔyi / zhúyi	5
准备	zhǔnbèi	10
桌子	zhuōzi	9
字	zì	10
自己	zìjǐ	6
自行车	zìxíngchē	11
走	zǒu	5
租	zū	9
最	zuì	7
醉	zuì	11
最近	zuìjìn	11
坐	zuò	1
做	zuò	3
昨天	zuótiān	3
做完	zuòwán	10
作业	zuòyè	10

監修者
楊凱栄（Yáng Kǎiróng）東京大学名誉教授、専修大学特任教授

著者紹介
雷桂林（Léi Guìlín）桜美林大学グローバル・コミュニケーション学群准教授
山東大学卒業。東京大学大学院修士課程、博士課程修了。博士（学術）。中国語学、日中対照言語学専攻。著書に『中国語数量表現前置構文の意味機能』（東方書店、2020）、訳書に《汉语语法的语义和形式》（雷桂林・張佩茹・陳玥訳、商务印书馆、2018。原書木村英樹著『中国語の意味とかたち』、白帝社、2012）等。

賈黎黎（Jiǎ Lílí）東京大学教養学部特任准教授
山東大学卒業。北京外国語大学修士課程、博士課程修了。文学博士。日中対照言語学、日本語学専攻。著書に《量化形式的汉日对比研究》（北京語言大学出版社、2015）、《日汉笔译教程》（北京語言大学出版社、2011）、訳書に《日语基础语法新讲：描写语法导论》（賈黎黎・雷桂林訳、外语教学与研究出版社、2006。原書森山卓郎著『ここからはじまる日本語文法』、ひつじ書房、2000）等。

コラム　松代章
表紙画・挿絵　王安琪　林晨
表紙・本文デザイン　富田淳子
音声吹込　毛興華　王英輝

会話編　話す力・聞く力を鍛える初級中国語

検印省略　© 2023 年 1 月 31 日　初版発行

著　者　雷　桂林
　　　　賈　黎黎

発行者　小川　洋一郎
発行所　株式会社　朝日出版社
〒101-0065　東京都千代田区西神田 3－3－5
電話(03)3239-0271・72(直通)
振替口座　東京　00140-2-46008
http://www.asahipress.com/
倉敷印刷

乱丁・落丁本はお取り替えいたします

ISBN978-4-255-45376-7 C1087